# 心一堂術數古籍珍本叢刊

書名：命相談奇（虛白廬藏本）第二集
系列：心一堂術數古籍珍本叢刊　星命類　相術類　第三輯　312
作者：【民國】齊東野
主編、責任編輯：陳劍聰
心一堂術數古籍珍本叢刊編校小組：陳劍聰　素聞　鄒偉才　虛白廬主丁鑫華

出版：心一堂有限公司
通訊地址：香港九龍旺角彌敦道六一〇號荷李活商業中心十八樓〇五—〇六室
深港讀者服務中心·中國深圳市羅湖區立新路六號羅湖商業大廈負一層〇〇八室
電話號碼：(852)9027-7110
網址：publish.sunyata.cc
電郵：sunyatabook@gmail.com
網店：http://book.sunyata.cc
淘寶店地址：https://sunyata.taobao.com
微店地址：https://weidian.com/s/1212826297
臉書：https://www.facebook.com/sunyatabook
讀者論壇：http://bbs.sunyata.cc/

版次：二零二零年四月初版
平裝

定價：港幣　九十八元正
新台幣　四百五十元正

國際書號：ISBN 978-988-8583-17-1



香港發行：香港聯合書刊物流有限公司
地址：香港新界大埔汀麗路36號中華商務印刷大廈3樓
電話號碼：(852)2150-2100
傳真號碼：(852)2407-3062
電郵：info@suplogistics.com.hk

台灣發行：秀威資訊科技股份有限公司
地址：台灣台北市內湖區瑞光路七十六巷六十五號一樓
電話號碼：+886-2-2796-3638
傳真號碼：+886-2-2796-1377
網絡書店：www.bodbooks.com.tw
台灣秀威書店讀者服務中心：
地址：台灣台北市中山區松江路二〇九號一樓
電話號碼：+886-2-2518-0207
傳真號碼：+886-2-2518-0778
網絡書店：http://www.govbooks.com.tw

中國大陸發行　零售：深圳心一堂文化傳播有限公司
深圳地址：深圳市羅湖區立新路六號羅湖商業大廈負一層〇〇八室
電話號碼：(86)0755-82224934

心一堂微店二維碼

心一堂淘寶店二維碼

# 心一堂術數古籍 珍本 整理 叢刊 總序

## 術數定義

術數，大概可謂以「推算（推演）、預測人（個人、群體、國家等）、事、物、自然現象、時間、空間方位等規律及氣數，並或通過種種『方術』，從而達致趨吉避凶或某種特定目的」之知識體系和方法。

## 術數類別

我國術數的內容類別，歷代不盡相同，例如《漢書・藝文志》中載，漢代術數有六類：天文、曆譜、五行、蓍龜、雜占、形法。至清代《四庫全書》，術數類則有：數學、占候、相宅相墓、占卜、命書、相書、陰陽五行、雜技術等，其他如《後漢書・方術部》、《藝文類聚・方術部》、《太平御覽・方術部》等，對於術數的分類，皆有差異。古代多把天文、曆譜、及部分數學均歸入術數類，而民間流行亦視傳統醫學作為術數的一環；此外，有些術數與宗教中的方術亦往往難以分開。現代民間則常將各種術數歸納為五大類別：命、卜、相、醫、山，通稱「五術」。

本叢刊在《四庫全書》的分類基礎上，將術數分為九大類別：占筮、星命、相術、堪輿、選擇、三式、讖諱、理數（陰陽五行）、雜術（其他）。而未收天文、曆譜、算術、宗教方術、醫學。

## 術數思想與發展——從術到學，乃至合道

我國術數是由上古的占星、卜筮、形法等術發展下來的。其中卜筮之術，是歷經夏商周三代而通過「龜卜、蓍筮」得出卜（筮）辭的一種預測（吉凶成敗）術，之後歸納並結集成書，此即現傳之《易

經》。經過春秋戰國至秦漢之際，受到當時諸子百家的影響、儒家的推崇，遂有《易傳》等的出現，原本是卜筮術書的《易經》，被提升及解讀成有包涵「天地之道（理）」之學。因此，《易・繫辭傳》曰：「易與天地準，故能彌綸天地之道。」

漢代以後，易學中的陰陽學說，與五行、九宮、干支、氣運、災變、律曆、卦氣、讖緯、天人感應說等相結合，形成易學中象數系統。而其他原與《易經》本來沒有關係的術數，如占星、形法、選擇，亦漸漸以易理（象數學說）為依歸。《四庫全書・易類小序》云：「術數之興，多在秦漢以後。要其旨，不出乎陰陽五行，生尅制化。實皆《易》之支派，傅以雜說耳。」至此，術數可謂已由「術」發展成「學」。

及至宋代，術數理論與理學中的河圖洛書、太極圖、邵雍先天之學及皇極經世等學說給合，通過術數以演繹理學中「天地中有一太極，萬物中各有一太極」（《朱子語類》）的思想。術數理論不單已發展至十分成熟，而且也從其學理中衍生一些新的方法或理論，如《梅花易數》、《河洛理數》等。

在傳統上，術數功能往往不止於僅僅作為趨吉避凶的方術，及「能彌綸天地之道」的學問，亦有其「修心養性」的功能，「與道合一」（修道）的內涵。《素問・上古天真論》：「上古之人，其知道者，法於陰陽，和於術數。」數之意義，不單是外在的算數、歷數、氣數，而是與理學中同等的「道」、「理」--心性的功能，北宋理氣家邵雍對此多有發揮：「聖人之心，是亦數也」、「萬化萬事生乎心」、「心為太極」。《觀物外篇》：「先天之學，心法也。……蓋天地萬物之理，盡在其中矣，心一而不分，則能應萬物。」反過來說，宋代的術數理論，受到當時理學、佛道及宋易影響，認為心性本質上是等同天地之太極。天地萬物氣數規律，能通過內觀自心而有所感知，即是內心也已具備有術數的推演及預測、感知能力；相傳是邵雍所創之《梅花易數》，便是在這樣的背景下誕生。

《易・文言傳》已有「積善之家，必有餘慶；積不善之家，必有餘殃」之說，至漢代流行的災變說及讖緯說，我國數千年來都認為天災，異常天象（自然現象），皆與一國或一地的施政者失德有關；下至家族、個人之盛衰，也都與一族一人之德行修養有關。因此，我國術數中除了吉凶盛衰理數之外，人心的德行修養，也是趨吉避凶的一個關鍵因素。

## 術數與宗教、修道

在這種思想之下，我國術數不單只是附屬於巫術或宗教行為的方術，又往往是一種宗教的修煉手段--通過術數，以知陰陽，乃至合陰陽（道）。「其知道者，法於陰陽，和於術數。」例如，「奇門遁甲」術中，即分為「術奇門」與「法奇門」兩大類。「法奇門」中有大量道教中符籙、手印、存想、內煉的內容，是道教內丹外法的一種重要外法修煉體系。甚至在雷法一系的修煉上，亦大量應用了術數內容。此外，相術、堪輿術中也有修煉望氣（氣的形狀、顏色）的方法；堪輿家除了選擇陰陽宅之吉凶外，也有道教中選擇適合修道環境（法、財、侶、地中的地）的方法，以至通過堪輿術觀察天地山川陰陽之氣，亦成為領悟陰陽金丹大道的一途。

## 易學體系以外的術數與的少數民族的術數

我國術數中，也有不用或不全用易理作為其理論依據的，如揚雄的《太玄》、司馬光的《潛虛》。也有一些占卜法、雜術不屬於《易經》系統，不過對後世影響較少而已。

外來宗教及少數民族中也有不少雖受漢文化影響（如陰陽、五行、二十八宿等學說。）但仍自成系統的術數，如古代的西夏、突厥、吐魯番等占卜及星占術，藏族中有多種藏傳佛教占卜術、苯教占卜術、擇吉術、推命術、相術等；北方少數民族有薩滿教占卜術；不少少數民族如水族、白族、布朗族、佤族、彝族、苗族等，皆有占雞（卦）草卜、雞蛋卜等術，納西族的占星術、占卜術，彝族畢摩的推命術、占卜術……等等，都是屬於《易經》體系以外的術數。相對上，外國傳入的術數以及其理論，對我國術數影響更大。

## 曆法、推步術與外來術數的影響

我國的術數與曆法的關係非常緊密。早期的術數中，很多是利用星宿或星宿組合的位置（如某星在某州或某宮某度）付予某種吉凶意義，并據之以推演，例如歲星（木星）、月將（某月太陽所躔之宮次）等。不過，由於不同的古代曆法推步的誤差及歲差的問題，若干年後，其術數所用之星辰的位置，已與真實星辰的位置不一樣了；此如歲星（木星），早期的曆法及術數以十二年為一周期（以應地支），與木星真實周期十一點八六年，每幾十年便錯一宮。後來術家又設一「太歲」的假想星體來解決，是歲星運行的相反，週期亦剛好是十二年。而術數中的神煞，很多即是根據太歲的位置而定。又如六壬術中的「月將」，原是立春節氣後太陽躔娵訾之次而稱作「登明亥將」，至宋代，因歲差的關係，要到雨水節氣後太陽才躔娵訾之次，當時沈括提出了修正，但明清時六壬術中「月將」仍然沿用宋代沈括修正的起法沒有再修正。

由於以真實星象周期的推步術是非常繁複，而且古代星象推步術本身亦有不少誤差，大多數術數除依曆書保留了太陽（節氣）、太陰（月相）的簡單宮次計算外，漸漸形成根據干支、日月等的各自起例，以起出其他具有不同含義的眾多假想星象及神煞系統。唐宋以後，我國絕大部分術數都主要沿用這一系統，也出現了不少完全脫離真實星象的術數，如《子平術》、《紫微斗數》、《鐵版神數》等。後來就連一些利用真實星辰位置的術數，如《七政四餘術》及選擇法中的《天星選擇》，也已與假想星象及神煞混合而使用了。

隨着古代外國曆（推步）、術數的傳入，如唐代傳入的印度曆法及術數，元代傳入的回回曆等，其中我國占星術便吸收了印度占星術中羅睺星、計都星等而形成四餘星，又通過阿拉伯占星術而吸收了其中來自希臘、巴比倫占星術的黃道十二宮、四大（四元素）學說（地、水、火、風），並與我國傳統的二十八宿、五行說、神煞系統並存而形成《七政四餘術》。此外，一些術數中的北斗星名，不用我國傳統的星名：天樞、天璇、天璣、天權、玉衡、開陽、搖光，而是使用來自印度梵文所譯的：貪狼、巨門、祿存、文曲，廉貞、武曲、破軍等，此明顯是受到唐代從印度傳入的曆法及占星術所影響。如星命術中的《紫微斗數》及堪輿術中的《撼龍經》等文獻中，其星皆用印度譯名。及至清初《時憲曆》，置閏之法則改用西法「定氣」。清代以後的術數，又作過不少的調整。

此外，我國相術中的面相術、手相術，唐宋之際受印度相術影響頗大，至民國初年，又通過翻譯歐西、日本的相術書籍而大量吸收歐西相術的內容，形成了現代我國坊間流行的新式相術。

## 陰陽學——術數在古代、官方管理及外國的影響

術數在古代社會中一直扮演着一個非常重要的角色，影響層面不單只是某一階層、某一職業、某一年齡的人，而是上自帝王，下至普通百姓，從出生到死亡，不論是生活上的小事如洗髮、出行等，大事如建房、入伙、出兵等，從個人、家族以至國家，從天文、氣象、地理到人事、軍事，從民俗、學術到宗教，都離不開術數的應用。我國最晚在唐代開始，已把以上術數之學，稱作陰陽（學），行術數者稱陰陽人。（敦煌文書、斯四三二七唐《師師漫語話》：「以下說陰陽人謾語話」，此說法後來傳入日本，今日本人稱行術數者為「陰陽師」）。一直到了清末，欽天監中負責陰陽術數的官員中，以及民間術數之士，仍名陰陽生。

古代政府的中欽天監（司天監），除了負責天文、曆法、輿地之外，亦精通其他如星占、選擇、堪輿等術數，除在皇室人員及朝庭中應用外，也定期頒行日書、修定術數，使民間對於天文、日曆用事吉凶及使用其他術數時，有所依從。

我國古代政府對官方及民間陰陽學及陰陽官員，從其內容、人員的選拔、培訓、認證、考核、律法監管等，都有制度。至明清兩代，其制度更為完善、嚴格。

宋代官學之中，課程中已有陰陽學及其考試的內容。（宋徽宗崇寧三年〔一一零四年〕崇寧算學令：「諸學生習……並曆算、三式、天文書。」「諸試……三式即射覆及預占三日陰陽風雨。天文即預

定一月或一季分野災祥，並以依經備草合問為通。」

金代司天臺，從民間「草澤人」（即民間習術數人士）考試選拔：「其試之制，以《宣明曆》試推步，及《婚書》、《地理新書》試合婚、安葬，並《易》筮法，六壬課、三命、五星之術。」（《金史》卷五十一・志第三十二・選舉一）

元代為進一步加強官方陰陽學對民間的影響、管理、控制及培育，除沿襲宋代、金代在司天監掌管陰陽學及中央的官學陰陽學課程之外，更在地方上增設陰陽學課程（《元史・選舉志一》：「世祖至元二十八年夏六月始置諸路陰陽學。」）地方上也設陰陽學教授員，培育及管轄地方陰陽人。（《元史・選舉志一》：「（元仁宗）延祐初，令陰陽人依儒醫例，於路、府、州設教授員，凡陰陽人皆管轄之，而上屬於太史焉。」）自此，民間的陰陽術士（陰陽人），被納入官方的管轄之下。

至明清兩代，陰陽學制度更為完善。中央欽天監掌管陰陽學，明代地方縣設陰陽學正術，各州設陰陽學典術，各縣設陰陽學訓術。陰陽人從地方陰陽學肄業或被選拔出來後，再送到欽天監考試。（《大明會典》卷二二三：「凡天下府州縣舉到陰陽人堪任正術等官者，俱從吏部送（欽天監），考中，送回選用；不中者發回原籍為民，原保官吏治罪。」）清代大致沿用明制，凡陰陽術數之流，悉歸中央欽天監及地方陰陽官員管理、培訓、認證。至今尚有「紹興府陰陽印」、「東光縣陰陽學記」等明代銅印，及某某縣某某之清代陰陽執照等傳世。

清代欽天監漏刻科對官員要求甚為嚴格。《大清會典》「國子監」規定：「凡算學之教，設肄業生。滿洲十有二人，蒙古、漢軍各六人，於各旗官學內考取。漢十有二人，於舉人、貢監生童內考取。附學生二十四人，由欽天監選送。教以天文演算法諸書，五年學業有成，舉人引見以欽天監博士用，貢監生童以天文生補用。」學生在官學肄業、貢監生肄業或考得舉人後，經過了五年對天文、算法、陰陽學的學習，其中精通陰陽術數者，會送往漏刻科。而在欽天監供職的官員，《大清會典則例》「欽天監」規定：「本監官生三年考核一次，術業精通者，保題升用。不及者，停其升轉，再加學習。如能黽勉供職，即予開復。仍不及者，降職一等，再令學習三年，能習熟者，准予開復，仍不能者，黜退。」除定期考核以定其升用降職外，《大清律例》中對陰陽術士不準確的推斷（妄言禍福）是要治罪的。《大清律例·一七八·術七·妄言禍福》：「凡陰陽術士，不許於大小文武官員之家妄言禍福，違者杖一百。其依經推算星命卜課，不在禁限。」大小文武官員延請的陰陽術士，自然是以欽天監漏刻科官員或地方陰陽官員為主。

官方陰陽學制度也影響鄰國如朝鮮、日本、越南等地，一直到了民國時期，鄰國仍然沿用着我國的多種術數。而我國的漢族術數，在古代甚至影響遍及西夏、突厥、吐蕃、阿拉伯、印度、東南亞諸國。

## 術數研究

術數在我國古代社會雖然影響深遠，「是傳統中國理念中的一門科學，從傳統的陰陽、五行、九宮、八卦、河圖、洛書等觀念作大自然的研究。……傳統中國的天文學、數學、煉丹術等，要到上世紀中葉始受世界學者肯定。可是，術數還未受到應得的注意。術數在傳統中國科技史、思想史，文化史、社會史，甚至軍事史都有一定的影響。……更進一步了解術數，我們將更能了解中國歷史的全貌。」（何丙郁《術數、天文與醫學中國科技史的新視野》，香港城市大學中國文化中心。）

可是術數至今一直不受正統學界所重視，加上術家藏秘自珍，又揚言天機不可洩漏，「（術數）乃吾國科學與哲學融貫而成一種學說，數千年來傳衍嬗變，或隱或現，全賴一二有心人為之繼續維繫，賴以不絕，其中確有學術上研究之價值，非徒癡人說夢，荒誕不經之謂也。其所以至今不能在科學中成立一種地位者，實有數因。蓋古代士大夫階級目醫卜星相為九流之學，多恥道之；而發明諸大師又故為惝恍迷離之辭，以待後人探索；間有一二賢者有所發明，亦秘莫如深，既恐洩天地之秘，復恐譏為旁門左道，始終不肯公開研究，成立一有系統說明之書籍，貽之後世。故居今日而欲研究此種學術，實一極困難之事。」（民國徐樂吾《子平真詮評註》，方重審序）

現存的術數古籍，除極少數是唐、宋、元的版本外，絕大多數是明、清兩代的版本。其內容也主要是明、清兩代流行的術數，唐宋或以前的術數及其書籍，大部分均已失傳，只能從史料記載、出土文獻、敦煌遺書中稍窺一鱗半爪。

## 術數版本

坊間術數古籍版本，大多是晚清書坊之翻刻本及民國書賈之重排本，其中豕亥魚魯，或任意增刪，往往文意全非，以至不能卒讀。現今不論是術數愛好者，還是民俗、史學、社會、文化、版本等學術研究者，要想得一常見術數書籍的善本、原版，已經非常困難，更遑論如稿本、鈔本、孤本等珍稀版本。在文獻不足及缺乏善本的情況下，要想對術數的源流、理法、及其影響，作全面深入的研究，幾不可能。

有見及此，本叢刊編校小組經多年努力及多方協助，在海內外搜羅了二十世紀六十年代以前漢文為主的術數類善本、珍本、鈔本、孤本、稿本、批校本等數百種，精選出其中最佳版本，分別輯入兩個系列：

一、心一堂術數古籍珍本叢刊

二、心一堂術數古籍整理叢刊

前者以最新數碼（數位）技術清理、修復珍本原本的版面，更正明顯的錯訛，部分善本更以原色彩色精印，務求更勝原本。并以每百多種珍本、一百二十冊為一輯，分輯出版，以饗讀者。

後者延請、稿約有關專家、學者，以善本、珍本等作底本，參以其他版本，古籍進行審定、校勘、注釋，務求打造一最善版本，方便現代人閱讀、理解、研究等之用。

限於編校小組的水平，版本選擇及考證、文字修正、提要內容等方面，恐有疏漏及舛誤之處，懇請方家不吝指正。

心一堂術數古籍珍本整理叢刊編校小組

二零零九年七月序

二零一四年九月第三次修訂

# 命相談奇

眞人眞事 不可思議

齊東野 著

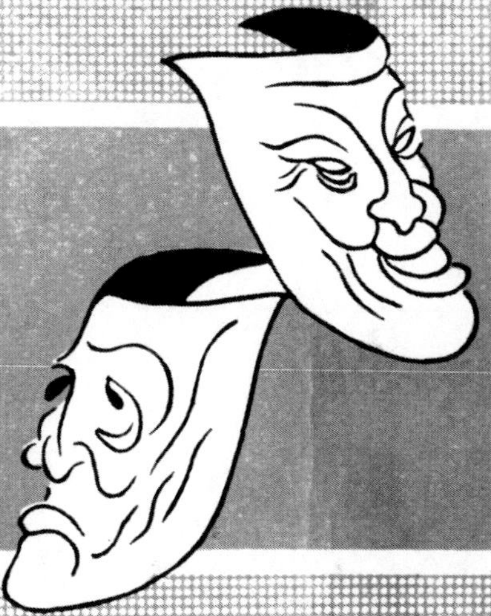

第二集

一九六三年八月二十五日初版

**版權所有，不准翻印**

# 命相談奇

第二集

定價港幣一元六角

著作者：齊東野
出版者：宇宙出版社
香港活道十四號六樓
發行者：長興書局
香港大道西三〇五號
電話：四三〇五一六
吳興記書報社
利源東街廿六號二樓
遠東文化有限公司
星加坡廈門街十九號
承印者：同興印刷廠
香港灣仔廈門街二十三號

# 命相談奇

## 第二集

齊東野著

香港宇宙出版社印行

# 第二集目錄

# 一　遺傳怪相妙不可言

少的時候住在北平，耳熟了關于算命看相的事，因而也畧知北平誰是算命者中的巨擘，誰是看相中的泰斗。這大都是東安市塲、玻璃廠和前門外一帶的命館和相館說的。至于所謂「儒家」命相之術，即沒有掛牌做生意的，雖然也聽人說過一二，却因不曾登其門，就不熟悉了。

所謂儒家命相，原是指宿學的儒者，對于命相之術有深邃的研究而不走江湖糊口，必須有熟人介紹才肯爲你說幾句的。

有一天我隨着家人去西直門大街看一位老先生，據說：他是當時一個儒家看相的泰斗。人們通稱這位老先生爲秦四爺，已是六十多歲的人。據說他少時，曾從華山出雲和尚學來的相術，後來又隨這和尚到過印度，又學了印度的相術，所以他的相術實是與衆不同，有其奇妙獨到之處了。

那天第一個請秦四爺替他說幾句的是一位畢先生，他自己對秦四爺報明已經五十多歲了。秦四爺把他看了幾眼之後便微笑地對他說：「你是一個少年發達的人；但可惜你缺少家庭幸福，少年時代你雖頭角峥嶸，但是家庭却發生極大不幸之事，使你一生有遺憾，對嗎？」

「是，那是先母和先父不幸同年棄世的。」畢先生說時面上的表情有些不自然。

「本來像此類不尋常的變故，而且是屬於過去前運的事，我是不應在人前說的；但因此事已經影響到了你的中年，如果我今天不提醒你，你的晚年將更受不好的影響，而有同樣不幸的結局的。所以今天我願意就你這遺傳的『三生』形相作一個研究；但因你的過去家庭變故太不尋常，也許你不願意多人知道，那就隨你的便了。」

秦四爺說到這裏，把畢先生看了幾眼，又說：「不過，這三生形相只有我曉得看；所以今天你既然找到我了，我也發現你是此種相格了；這於你後運有利的事，便不能不說，就是你今天不願意在人前說，改天我倒希望你再來，我願意教你如何改相的。」

「秦四爺，我感謝你的慈心，我也相信你的話，我更一定接受你的指教。過去我也不曉得看過多少的出名的看相先生，都只能看出我的少年發達，而不能看出我那家庭的『不尋常變故』；就是那位名震全國的老釣金鰲，也只能說我當時有刑尅而已，今天才被你看出了，眞是有幸！」

「這種相術在我們中國古代就已有了的。中國古代叫做『觀氣』，如古代相人姑布子卿能夠在路邊諸小孩子中，看出有一個是趙簡子將來立國之子，便是從觀氣之術而知的。此種湛深的相術後來失傳，所以只有『觀色』，而又與祖上積德積惡之相混在一起了。其實此種相與祖先相又不同。在印度古相術中，此種相叫做『前生』相；這是從佛學三生轉廻觀念來的。」

秦四爺說到這裏就問畢先生：「你應是數代單傳的，並無兄弟；而你的額形以及這額上中正地方的陷下陰暗，是和你的父親、祖父同樣的，不知你家人發覺了沒有？」

「早就發覺了的。我自幼聽我父親說，自祖父起至我已經三代了，額形和這塊東西都是一樣的；有的說這是遺傳性關係，與相理無關；然而，事實上我們三代都是在二十二歲那年中了秀才，也都在那年喪母又喪妾，而且她們致死的原因和情形也都差不多，這就太怪了。難道肉體會遺傳，而人事也會遺傳？所以我們一向莫名其妙。」

畢先生又繼續說：「當我父親二十二歲那年發生家庭不幸變故之後，因爲和祖父是同樣的情形，就有人說是與祖墓的風水有關，也會把祖先的墓地遷移了；然而，當他三十六歲娶了第三妾，生我時，我的額上照樣有這一塊東西；而我二十二歲那年也同樣發生不幸事故，我的生母和妾侍也都死于非命的。」

原來畢先生家庭有一種莫名其妙的怪事是這樣情形：祖父畢文卓二十二歲那年中了秀才，本是喜事；但因母親暴戾成性，平日虐待媳婦，當畢文卓拜祖告喜那天，竟然不許媳婦和文卓一起拜祖，而這位剛結婚兩年的文卓妻子，便一氣懸樑自盡了。

女家聞耗，就率領娘子軍一羣前來向惡婆要命；一時這老太太當不起娘子軍的吵鬧，竟然也緊閉房門上吊死了。當時族中和鄉人都說這秀才暗中作孽，家庭乃有暴變。父卓懊喪之餘，也就灰心不再熱衷科舉了。

後來畢文卓娶了繼室，因不能生育，就納一妾。第二年誕生一子，取名武康，就是畢先生的父親。由于他家數代是單傳，所以他們都是二十歲以前就結婚，爲的是希望能夠早生貴子；如其不生，就趁早納妾的。畢文卓是二十歲結婚，而畢武康則更早一年于十九歲時就結婚了。

因爲畢家是數代單傳，所以他們并不重視科舉之事，重視的只是如何能多生孩子打破單傳問題。不過，有錢的畢家，總希望有小功名排塲家門，所以畢武康有一年也去應試，他的應試原只是試試看的，想不到竟然也攷上了秀才，而且也是二十二歲之年。本來，他竟然和父親同樣是二十二歲得中秀才，是很値得慶賀高興的，那知也同樣有不幸之事死？

當畢武康中了秀才，循例開祠堂門祭祖時，他的母親本是妾侍地位，爲了孩子中了秀才有了功名，就要求丈夫畢文卓于孩子祭祖之日把她扶正和那位不生育的繼室平等。事先畢文卓原是答應她的；但當祭祖之日，因繼室不答應，而未曾把她扶正，女人短見，和畢文卓吵鬧之餘，竟然吞服鴉片死了。

臨終時對孩子畢武康說：「你要替我出出氣，否則我做鬼也不願！」畢武康看見生母死於繼母之手，這一氣，就跑去把繼母打了兩個咀巴。繼母心想，自己不能生育，又被妾侍之子所侮辱，而此子又是有功名的，於是一氣之下，想長想短，不如一死了之，當天晚上竟也投環一命嗚呼了。

畢文卓二十二歲中秀才那年，母親和妻子都是上吊死於非命的；而畢武康二十二歲中秀才那年，生母服毒，繼母上吊，也同樣死於非命。

這還不夠，那年秋天，畢武康看見元配娶了三年，還無喜訊，同時繼母和生母都去世，家中也需要多一個主持中饋的人，於是就納一妾。納妾還不滿四個月，由於妻妾不和，大婦趁畢武康上城不在家，把妾侍毒打，妾侍竟然偷去畢文卓的鴉片吞服，死在大婦的床上。

至于到了第三代的畢先生本人，其情形更奇妙了。畢先生一出世，就被他的父親畢武康注意到那額上也有這一塊東西。

因為他過去曾從老相士清源道人處，知道這額上陰影，是表現二十二歲時有功名又有刑尅，也曾說過這有遺傳關係，因此他當兒子出世時就注意此事。既然兒子面上又發現了這東西，他就深怕兒子廿二歲又有和自己以及父親有同樣不幸之事。

在毫無辦法之中，他就把兒子取「生」字為名，取「平安」二字為號，即「畢生」「平安」的意思。同時他也發現自己這幾代單傳都是妾侍所生，元配幷無所出；于是他就打算叫兒子先娶妾後娶妻，希望能夠改善命運。

畢武康這種計劃當然不難實現，他就於畢平安十八歲那年，替他娶了一個人家的婢女為妾。果然第二年就生子了，第三年又正式娶妻；然而這數代單傳的情形非常奇怪，單傳就老是單傳，畢平安也只是十九歲那年，妾侍生了一個兒子後，妻妾就不再生孩子了。一向都把此事說是「風水」關係，當然也可以說是「遺傳」關係。說風水則是迷信，說遺傳則係科學，兩者那一種有理由，至今還莫名其妙。但在相術上，多子、無子和單傳，都有一定的相貌可以看出來的。

關于單傳的事，已是一種生育上的常識，沒有什麼可奇怪的；而畢家可奇怪的則是數代都是妾侍得子，大婆不生子。

畢武康原以為先結婚的不生子，後娶的可生子，所以元配老是不生子，妾侍後娶便生子，因而希望孩子畢平安先娶妾後娶妻，能夠使元配生子。

結果，畢武康替孩子先娶妾的計劃雖然實現了，而希望媳婦生子之事仍然受命運的支配，未能如願。更奇怪的就是，畢平安於十八歲娶妾那年，他的父親就為他出貲捐取一名貢生，這是舊時代的有錢人家體面上所需要的功名。畢武康本以為這樣捐取了貢生就算了，不再叫畢平安去考秀才的，為要避免「功名」與「刑尅」並臨。

但是到了二十二歲那年，他自己雖然不去找功名，而功名却上門來找他。那年皇上五十大慶，照例開了一次「恩科」，加惠士子，凡是貢生名列前三名的，都蒙恩賜「補廩」，於是畢平安二十二歲那年雖沒有考秀才，却被補為廩生，就等于秀才了。

當補廩的公文送到畢家時，當然戚族皆大歡喜，賀客臨門；惟有畢武康一人心中覺得不妙，他深怕這遺傳的二十二歲「功名」與「刑尅」之事又來了。一向他不把這遺傳上的怪事告知家人免使家人，恐懼的。他想用自己的聰明，盡人力在孩子畢平安身上企圖改變他家三代遺傳的命運。於是他又獨自暗中動腦筋，使他的第三妾即畢平安的生母，和畢平安的妾侍離開家門一年，寄居親戚家裏去。

畢平安補廩的時候是春天，他的母親是信佛教，每年若干次要到西山的香山庵裏去守齋的；於是畢武康就乘那年四月初八浴佛節的機會，叫她多住寺庵一些日子，並沒有說明今年對她本人不利，只說家中有刑尅之事，需要暫時分離一下。

畢平安的母親去香山寺庵居住之後，用同樣的理由，畢武康也勸畢平安的妾侍到娘家去住。娘家姓田的，住在保定鄉下地方。起初她們倆都沒有異議地照畢武康的吩咐遵辦。但她們不知要分開多久，總以爲祇是個把月的，想不到要分居一年。

後來接到畢武康叫人通知說，要等明年立春後半個月，交入「雨水」節候才可以回家團聚，在這分居期間，絕對不能擅自回家，否則如因她們回家發生嚴重事件時，就要她們下堂離去的。因而她們都有多少疑心，首先畢平安的妾侍疑心今年是畢平安補廩，有錢的人，有了新的功名就要納妾自賀的，所以要把她遣去。

至于畢平安的母親，也同樣疑心畢武康有陰謀，因爲她早已知道畢武康有個寡婦外室養在外面，可能打算把她接回家裏的；因爲照當時北京的風氣，凡是家裏有功名吉慶的，大都要辦這些喜事的。

這裏面還有一個秘密的故事，畢平安的母親之所以會懷疑丈夫有陰謀，并不是沒有理由的；原來當畢武康二十六歲那年，娶她的時候，她祇十八歲，原是畢武康朋友的妾侍，由於貪她的美貌，畢武康用出資爲商的陰謀，把她的丈夫戴某調虎離山去天津和青島兩地行商，不久她就被他强佔去了。又湊巧的，她的前夫戴某，此次也來到北京，聞知她在香山庵居住，就去找她叙舊。

此時她雖然已是四十開外的人了，但「徐娘半老，風韻猶存」，兩人相見之下，彼此細訴哀腸之後，女的因知前夫自二十幾年前妾離妻亡之後，不再娶室，鰥守至今，不禁情由衷生，彼此重拾舊歡，畢平安的母親竟然不貪兒子的功名光榮，也不顧畢武康的名譽，重投戴君的懷抱。所以當秦四爺看了畢平安的相時，曾說過「就是你今天不願在人前說，改天我倒希望你再來」的話。原來在畢平安相上看出了他的母親曾經「琵琶別謂」而又「破鏡重圓」的。

畢平安的母親重歸前夫的事是那年中秋節前幾天的事，到了九月初九重陽節畢武康到西山登高那天才知道。當時畢武康認定自己當年是强佔人家妻妾，現在物歸原主也是該當的；同時他更相信這也是孩子畢平安今年應當「喪母」的另一種情形，雖然她沒有「死亡」，而孩子「喪失」了母親則是事實。

此事畢武康一直瞞着，不給家人知道，因爲當時距離他所計劃的隔離的期間還沒有滿，自己的妾侍雖然復歸故夫，總比因刑尅死去好一點。於是他此時特別關心媳婦田氏在保定鄉下的情形了。他想，這一次他聽了命理上有用「隔離」方法去擺脫「刑尅」的話，果然用此法已把畢平定母親原當「死亡」的，改變爲「分離」了；那末這辦法既然靈驗了，他的媳婦田氏可能也不會死的。

不過，不死固是一件好事，若也像畢平安的母親一樣跟別人去了，在他兒子畢平安年青人看來，也許比死去還要痛心，也還不名譽。

因而他就派一個人去保定田家看他的媳婦。那人囘來報命他說，田氏已經明白了關于刑尅的事需要過了年才可以囘來，也不再疑惑畢平安會再納妾了。

但那人又問畢武康說：「你的媳婦幾時去保定？和你兒子畢平安離開幾久了？」他答說：「是端午節過後兩天去的，和我的孩子已離開七個月了；再過一個多月，過了年，過了立春就可以囘來了！」

「和你的兒子離開七個月了？中間沒有團聚過嗎？」

「沒有，因爲他們倆今年有刑尅，所以我不許他囘來，也不許我孩子去她那裏。」畢武康又接着解釋說：「這是命理上用隔離避免刑尅的唯一好辦法。」

「唔，我不相信他們倆年輕人會相信命運，而肯熬這麽久時間不同房的！」那個去保定的來人這樣懷疑。

「怎麽，有甚麽事被你看出來的！」畢武康急急地追問。

「說來不要怪我多話，我希望是我看錯了的？」那人笑笑地說：「她的肚子裏我看已有四五月樣子的身喜了！我之所以說她倆有同房過，因爲你的媳婦看見我一點也不顧忌，當然你的孩子要負責的！」

畢武康一聞此言，十分驚異；心想，莫不是也像自己的妾侍一樣琵琶別抱了嗎？他想去問畢平安又不敢，因爲恐怕如果眞的琵琶別抱，使孩子突然聽到此消息，當此流年不佳之時恐有變故。

於是過了幾天他就托族弟婦唐氏平日和畢平安妾侍很要好的，到保定去問個明白。她的囘報，說是畢平安於五個月前，趁父親去天津的時候，偷偷到保定去過一夜就湊巧有了姙的。

畢武康據報就把它的日子算出是六月二十五日，立即跑去前門天橋太乙館那裏去問問這胎兒到底如何。

畢武康跑到太乙館時，老算命先生被稱爲老太乙星的，剛剛被朋友請去喫點心還未囘來，館裡只有兩位學生，一個雖於去年才出師，而一個則已出師十幾年了，平時普通的客人都是由他接收生意的。

於是畢武康就把孩子畢平安和媳婦兩人八字開出去了，請他們兩師兄弟看看這夫婦今年的流年如何，而主要目的則在於看看他們看得出今年是否有喜？是男還是女？當然也要聽聽看今年的刑尅情形如何。

他們把八字排好，除用普通算命的所謂「子平」之術看了一下，又再替他排一排紫薇斗數，看看今年的星宿。「畢二爺，這八字但不知是不是你的少爺和少奶奶的？」

太乙舘的大徒弟因爲和畢武康很相熟，就這樣說了一聲。畢武康本來是數代單傳沒有兄弟的，之所以被稱「畢二爺」，是就族中的第二房計算的，凡是單傳的大都是如此稱呼，常有迷信的意味，希望下一代不再單傳。

太乙舘大徒弟這樣問，爲的是已經看出這兩個年青夫妻今歲流年不吉，所以企圖問個明白之後，說話時需要婉轉些免有劇烈刺激。

「是我的小兒和他的妾侍。這妾侍是先娶的，後才娶妻，他十八歲娶她，第二年生了一個孩子，後來就沒有再養過。」

畢武康又微笑地說：「請你們隨便說說，是好是壞命中註定的，無所謂，等一下老先生回來再請他看一看大體就可以的。依我自己的看法，今年流年也是不好的，但不能看出不好到甚麽程度，尤其是刑尅問題，最無把握。」

「依我們的看法，今年的刑尅是難免的，八字上傷印傷財，而又逢白虎，似有尅母又尅妻之象。至於這位他的如夫人的八字，女命身旺又逢羊刃，今歲當有『在家尅父，出嫁尅夫，夫死尅子』之象；但令郎今年却有尅妻而無被尅之理；因此我想她自己難免會有一場災難或大病。」

「據你看，她今年有無懷孕生子之象？」畢武康又繼續說：「這種冲尅的八字，若把他們倆隔離了，是否可以免尅？」

「隔離之事甚難，比如今年有刑尅，必需今年正月立春前就開始隔離才有效；若是夫妻，則須在立春前沒有懷孕才可以，否則就是立春開始隔離也沒有用處，因爲胎兒可以發生問題。」

剛談到這裏，老太乙先生從外面回來了。

「好久不見了！畢二爺，你幾時來，我失迎了！」

老太乙先生一推門就和畢武康打個老友的招呼，之後他的學生便把剛才算過的八字遞了過去，也把紫薇斗數的星盤送到老先生的檯上。

同時學生也將剛才和畢二爺所商討的問題，說了一下，而今年的關鍵問題即刑尅之事，應如何判斷一節，特別請老先生指點其中有何奧妙所在之處。

「二爺，你曾經叫他們隔離了嗎？幾時開始隔離的？」老先生又肯定地說：「這八字除非早一年就開始隔離，或許有效，否則恐怕無濟於事的；因爲他們中間冲尅得太厲害了！」

「他們五六月間才開始隔離，他的母親住到西山去，他的女人則住在保定去。」

「依八字看，令郎的八字對他的母親，顯然『尅而不死』，而又有『生離久別』之象，這一點委實頗有難以解釋之處了！我想，可能二爺的如夫人會從此長住寺庵不再回家了。至于他與他的女人問題，似乎比較容易斷定，今年確是生離死別之年，是男的尅女，不是女尅男。」

老先生說到這裏，又猜疑的說：「好奇怪的，你說他倆已於五六月間分居了，何以這女的今年又有『死於難產』之象呢？這眞是又一難解的問題了。」

老先生剛說到這裏，畢武康不禁跳起來說：「剛才你的高足潘先生還沒有看出來，現在果然被你的老眼看出來了！」

「怎麼？她眞是有孕了嗎？」那位大徒弟潘先生便插咀說：「老實說，我不是看不出，而只是不敢說出口的；因爲你說他們夫妻已經分居了，而這女命今年又無桃花之事，所以我就不敢斷定她身中有孕了！」

老先生繼續地說：「不過，這情形也還有兩種看法：一種是他倆夫妻並未完全分居，所以才有此孕；而另一種看法，如果非孕，那就是她腹中生瘤。現在還不能斷定那一種。」

老先生說了又問道：「二爺，你知道嗎？到底是有孕，還是子宮裏生東西？」

「我已明白了是有孕，是他倆在分居期中又有一次房事的。」畢武康面色懊喪。

「這眞是命定的了。」老太乙說：「現在只有盡人情和盡人事了。盡人情，不要再分居了；盡人事，唯一的辦法就是如何使她安胎順產了！」

畢二爺又問：「依你看，這人事上的挽救有無可能？可能把她渡過立春嗎？」

老太乙先生看見畢二爺這樣問，稍稍想了一下就說：「我的意思還是先盡人情；因爲你們無法再盡人事了；你叫他倆隔離已盡人事了，而他又要從北京趕去保定去同房，你看這有什麼人事可再盡？所以我現在所說的盡人事，只是人情上不能不盡的人事。當然，命理中也不是絕對沒有例外的，我希望在你家有例外。」

他又對着兩人的八字解釋說：「這女命的危期也可能渡過立春，但不是說過了立春就可安全；因爲胎兒在今年結成的，要等胎兒出世，才算今年刑尅之事告了一段落，脫去危險的。」

於是畢武康就決定把媳婦接來北京，但仍不許回家和畢平安同住，只許他倆每日都能相見，目的在於盡人事使媳婦能夠安胎順產。當時北京最著名的醫院是京師醫院，那時他的媳婦距離臨盆分娩還有四個多月日子，就先到京師醫院診斷之後，就到西山療養院去居住。他們所以這樣慎重；一則爲着命運問題，一則也因爲畢平安這位妾侍雖然此次是第二胎，而頭胎却是經過難產動手術的。

事情安頓好了，他們以爲在北京地區留產總是平安無事的。那知事情却是很奇怪，年初一過了，就命運來說總算平安已過半了。沒有幾天立春也過了。

這時候畢家人都已把此事公開了的，於是大家認爲過了立春就進入了新年，而舊年惡運總算已是完全過去了的。家人中只有畢武康心中明白，因爲老太乙算命先生曾經說過，要等舊年得胎的小孩安全養出了，才是舊年的惡運完全過去。

有一天他們一家人都到頤和園遊春歡宴。媳婦田氏也由西山到來團聚。暮春時節頤和園的遊客繹絡路上。他們正在長廊散步時，迎面來了一個熟人，原來老相士釣金鰲那天也和兩位老友來頤和園遊春。

於是畢武康就過去和他寒喧了幾句之後，偷偷地把媳婦指示給他，請他看看她的氣色，有沒有什麽變化？下月臨盆有無難產之事？釣金鰲一看，就問：「產科醫生幾時替

**他檢查過沒有？」**

「有，上兩星期才檢查過。」

「請你馬上就到京師醫院檢查去。」釣金鰲又說：「依我看她的氣色，好像已胎死腹中兩日了，而且她自己也有性命之危。」

這一下却把畢武康嚇壞了，立即僱車送她趕到醫院去。

到了京師醫院一經產科醫生檢查，果然胎兒已無呼吸可聽了。一時醫生也說不出理由何以胎兒會死於腹中。爲着搶着救母氏的生命，立即進行手術取出死胎，死胎取出了，原來是一個兩個頭顱的怪胎。死胎都無所謂，最重要就是母氏安全問題，畢家人請問醫生經過情形如何？

醫生說，胎盤腐爛，出血過多，需要經過一星期才能脫離危險期。果然，母氏施手術後三天，就嗚呼哀哉，一命歸西了！畢家數代單傳，都是由妾侍只生一男；而此次畢平安的妾侍却多生了一個兩頭的死孩，留在京師醫院裏作怪胎的標本。

這是畢平安過去三代相傳的家庭不幸變故。過去有人說這是祖墓風水關係；而算命**先生有的說是先天命運；但都不能說出眞正的原由，也沒有人敢說有什麽改造的辦法。**

此次惟有秦四爺的高明相術，才把他的過去事實說破了，此乃印度相術的所謂「前生相。

當秦四爺告訴畢平安，直說他「少年時代家庭發生極大不幸之事」時，畢平安雖也曾承認他是「先母和先妾不幸同年棄世的」。其實，他的母親那年並非棄世，只是等於再嫁後歸前夫罷了。

所以當天雖然因爲不便在人前說此家醜，而秦四爺所對畢平安提醒的還有更重要的一事，那就是曾說：「如果我今天不提醒你，你的晚年將更受不好的影响，而有同樣不幸的結局的。」

這話中的意思，在座的人雖然不大明白，而畢平安却心中了然的；所以過了幾天他邊依秦四爺的吩咐，再去看秦四爺時，他還沒有開口，秦四爺却先對他這樣說：「我要把你這怪相研究，所以你不用先說，讓我先問你兩件事：第一件事，你所謂你的母親與妾侍同年棄世，而我却看出你的母親，那年是改嫁而不是棄世；第二件事，我那天所謂你的晚年將有和你父親同樣的不幸結局，爲的是我已看出你的父親是因犯刑事，畏罪自殺去世的。」

他又堅定而温和地說：「這無怪於你們，這是你的曾祖父作過愆孽所致的，所好你本人並無多大作惡缺德，所以挽救還來得及。」

「你所說的，只有關于先曾祖的事，我不大知道，其他的事，你所看到的一點也不差，先父是因犯姦情謀殺案而自殺的。」畢平安誠懇地說：「請問秦四爺，我晚年又將如何？」

秦四爺先把「前生」相作一個概括式的解釋說：「相由心生，相由心改，我們中國和印度相術都有同樣的說法，一個人的積善作惡，既可以成爲後一代的相格，則必係大善或大惡，這前生相，通常是三代，多則有到八代之久的。依你們此種額上遺傳的怪相說，這陷下地方正是二十二歲的部位，所以到了二十二歲就必定既有功名又有刑尅，而且是尅母和尅妻，我已說過了，這三生相的形成，乃由你的曾祖父作孽所得的惡果。」

秦四爺說到這裡，就低聲問道：「你曾祖父的事情你能知道清楚嗎？」

畢平安答說：「不大明白；但畧聞一二人曾說他是一個不甚有道德；至于何種不道德，就不是我第四代之能明白了。」

**於是秦四爺又繼續說他的相理。他說：「此種三生相也有善惡兩種：善是凸出來，**

凹進去的便是惡的，你們三代便是屬惡的相。你祖父大概平生還沒有作惡，所以死時必定是上壽，而且也還可壽終正寢。至于你父，因爲自己不積德而積惡，所以此相的表現就是不得善終的相了。你的壽數可比你父多十歲，可活至六十五歲；但以目前論，你雖可能善終，却不能終於『正寢』，你應是『客死他鄉』的。」停了一下又補充句說：「總之，你的妻妾以及獨子都不能對你盡送終之事，而使你死有遺憾的！」

「何以我會有此種結局？我一生也沒有做什麽愆過。」畢平安這樣自我解釋說。

秦四爺聽了笑笑地說：「依我看來，你的曾祖父大概乃由淫亂之事害死一個女人，所以遺傳給你祖父及你三代有此怪相惡報，因爲相由淫亂所生，所以你們若是自己也有淫亂之事，便要不得善終了。依我所知的說，你先娶妾後娶妻，也屬淫的行爲；而你死妾之後又娶兩妾，是否有一個是有夫之婦？這便使你惡相上又加上了本身的罪尤了；所以你的晚年亦必不喜樂。」

畢平安聽了這話十分驚異，因爲五年前娶的第三妾，乃有夫之婦的事，誰也不知道的，現在竟被秦四爺看出了。於是他急問道：「這種相到底有無辦法可以改變它呢？我的第三妾的事，他的丈夫已簽過志願書，我也給他錢，這也算是愆孽嗎？」

「當然是愆孽。」秦四爺說：「因爲他們兩人還在戀戀不捨呢！」

畢平安一聽這話覺得希奇了，就問：「這事情難道也在我的相上看出來嗎？」

「當然，除了你的相，我還有什麽妙法，能知你自己所不曾知的事？」秦四爺說：「妻妾的忠貞與否，在男人臉上的奸門部份，會現出某種氣色可資判別的。我老實忠告你，如果你不把那位有夫之婦的第三妾歸還其夫，你將發生殺身之禍；如果你能聽我的話，把她歸還其夫，則你將來可能修到壽終正寢的，此事請你自己考慮！」

雖然秦四爺沒有明說他的第三妾的事，而畢平安心中却明白當時是怎麽强佔人妻，而後來他們又發生藕斷絲連的事。至於秦四爺所謂「將發生殺身之禍」，那就不是畢平安之所能預料的了。原來畢平安的第三妾鄔翠芬是天津的名妓，曾有花國總統的艷銜，後來從良嫁給一位天津麵粉商何其芳爲妾。

畢平安當時竟然利用何其芳離家去日本的機會，把她勾引了之後，又利用他的結拜兄弟洪源仁在天津帮頭紅人的關係，以黑社會的惡勢力把她强佔了，又不許何其芳向法院申訴。

一年之後，事有湊巧，天有報應，何其芳也利用畢平安去上海的日子，約晤了鄔翠芳，暗中又重拾舊歡了。

從此之後，鄔翠芳以舊日花國總統的艷跡，周旋於兩夫之間，雖然在表面上是平安無事，因爲畢平安奪之在前，而何其芳又竊之於後，彼此心中有數，當然只好彼此像啞子吃黃蓮，有苦說不出了。但是彼此心中却都有怨言，畢平安到底是一個文人，强佔人妻妾他自知理短，雖然沒有什麼陰謀；而何其芳是一個小商人出身，後來爲着要對洪仁、源畢平安報仇雪恨，曾加入一帮會，想以黑勢力對黑勢力，也花去一筆錢。但生意是在天津，投鼠忌器，又不敢和洪仁源鬧翻，所以只好與鄔翠芳暗渡陳倉來洩氣了。

畢平安本係平津殷富之家，在天津有財產，也有一點生意，起初他和鄔翠芳是在天津租界住的，何其芳的老家原在華界住，但後來爲了與鄔翠芳便於相會，也在租界靠近畢家購宅作爲幽會之所。畢平安原爲着北京已有了妻妾，把鄔翠芳作爲天津溫柔之鄉，但因不勝何其芳之擾，就把鄔翠芳遷到北京去住；鄔翠芳最初曾極力反對，但後來曾將此事告知何其芳之後，不知何故又不再反對了。

因爲鄔翠芳是天津附近鄉下楊柳青人，鄉下人都以能住在天津租界爲無上的體面，所以從前當鄔翠芳决定從良嫁人時，曾對人宣佈說，凡要娶她的，以能在租界裡有自己的房屋長住爲主要條件之一。所以當時何其芳雖然他老家在華界，却也在租界買屋爲藏嬌之地，因此，鄔翠芳之被遷往北京，原非所願，而「最毒婦人心」，竟興毒殺畢平安之念。

這事畢平安初不在意，因爲自己把鄔翠芳遷往北京之後，並不見何其芳追踪到北京來，原以爲從此可以免此痛苦之事了。但那天秦四爺替他看相，說了許多自己不知道之事後，便對此事予以特別留意，因而便有許多本不注意的事而引起他的注意了。他對鄔翠芳和何其芳兩人的態度，就有許多疑點值得注意的。

畢平安首先注意到鄔翠芳遷來北京之後，對他的態度比在天津似更親暱；這事頗出他的意料，原想鄔翠芳對遷往北京必不滿意，對他必是不好的；起初並不予注意，現在想起，可能是她心中早已有定計的一種假情假意。於是再推想到在天津第一次向她提出遷往北京時，她雖曾極力反對，但後來却一點也不反對；可能她曾經和何其芳商量過了的。再就何其芳方面說，畢平安原想若把鄔翠芳遷居北京，何其芳必定也會在北京買屋追踪來的。以前之所以不願意把鄔翠芳搬來北京，乃是不願意他倆在北京演此怪劇，有此醜態，未免對自己的名譽以及社會面子太不利的。

但是，現在想起，何其芳竟然沒有追踪的跡象，顯然是一種不尋常的事，實足與鄔翠芳的不反對遷居，以及來北京之後態度轉變前後連在一起而係有所陰謀了。於是畢平安就想辦法向鄔翠芳刺探關于這許多疑點的秘密。

有一天，畢平安就對鄔翠芳這樣說：「我看你自遷來北京，對我的態度顯然比在天津時更親暱；我心中雖然感謝你，但又怕太委曲了你；我爲愛你，也不願你單方面爲我犧牲，如果你仍喜歡何其芳的話，我也可以再搬到天津去住。」

接着畢平安又追究說：「記得在天津時，你最初曾反對來北京的；但後來你却一點也不反對，如果你當時繼續反對，我可以改變計劃的，但不知你後來何以不再反對？」

鄔翠突聞畢平安說到此事，一個名妓的智慧和心腸，自然善於應變而工於應對的，她就答道：「你不用爲此事不放心，我已覺得做人沒有什麽意思了，所以我也不願意和你再有什麽爭執了。」

她此時眼眶裡似乎有些懊悔的淚意。「不過，我覺得太對何其芳不起了，我辜負他當年對我的熱情，我年來已受良心的責備了！」

「那末，你爲何又對我比以前更好呢？你應該更恨我才是。」畢平安又負罪地說：

「一切的罪過都在我身上，你看我應當怎樣做才對？」

「讓我早些死去是最好的辦法。」鄔翠芳說：「也因爲我希望早些死去，所以我想對你好些，也算減少了我的罪過。」

「爲什麽你一定想死呢？咱們現在來北京住了不是比以前更好嗎？做錯了事是以前做錯了，從今而後你我相守下去爲何不可以呢。」畢平安又說：「何其芳現也不像以前那樣非追蹤你不可，豈不好就此忘了他呢？」

鄔翠芳聽了這話有些激動地說：「你知道我從前和何其芳約定，誰要娶我，長住天津租界是我的條件；而現在呢，我竟然肯跟你搬來北京，我又是對何其芳不住了。而且……」說到這裡鄔翠芳突然住口，畢平安就急問：「而且怎樣？我有什麽對不住你的地方？」

鄔翠芳逼不得已就傷心地流下淚對他說：「我老實告訴你，如果我不早死，我就更對不起你們兩人了。因爲何其芳從日本回來，知道我跟你之事，他就想與你偕亡，他想殺你之後自殺。這兩年來我爲着避免此慘案發生，所以我只好犧牲我自己，現在因爲我搬到北京來了，何其芳當然更不甘心。」

她更傷心地說：「我想，我既然犧牲到了這地步，率性澈底地犧牲我個人，這也是我這人罪有應得的，但願你們中間無事，我也心甘意願的！」

「爲什麼你不早告訴我，好讓我對付何其芳？」

畢平安聞言，才恍然大悟何其芳過去會經有此蓄意，而鄔翠芳原來也預備出此下策的。

於是他繼續說：「我希望我們三個人都不用犧牲，我願意自己爲你的安全，犧牲一切，只要你願意怎樣做，我是可以依你的。」

此時畢平安又想起秦四爺說的話：「你若不把她歸還其夫，則你將會有發生殺身之禍！」

他口中說不出的話就是，「你如果願意歸回何其芳的話，我也願意。」

眞是出乎畢平安的意料，鄔翠芳的答話並不說出她自己的心意，也不作任何主張，只是非常消極地說：「我只是決心犧牲自己的，這是你和何其芳兩人的事，你兩人怎樣決定，我怎麽聽從，只求你們中間沒有慘案發生。」鄔翠芳這話，把解決這事的責任完全推到畢平安身上去了。

過了幾天，畢平安決定委託一個天津的朋友去和何其芳接觸，希望能夠得到妥善解決的辦法。因爲他相信命運，就從鄔翠芳處查出何其芳的八字，拿去請教了兩個當時北京負有盛名的算命先生。奇怪的，兩位算命的都說他今年是好運，無論在做生意上，在社會名譽上，都有「失而復得」的現象。問到他前兩年家庭有何事故發生？一個說他有「鳩奪雀巢」之象，一個明說他難免有「寵妾移情」之痛。

於是畢平安又叫一個熟人，寫一張名片，說是介紹一位張太太去秦四爺府中看看氣色。他就請一位朋友的表妹拿了名片陪同鄔翠芳去看秦四爺。在兩個女人面前雖然秦四爺不便說得太露骨，而扼要的却已把那位張太太而就是鄔翠芳的情形說得可以了。

他說：「你曾是靑樓名花，享盡閨中艷福。兩年前琵琶別調，而又藕斷絲連，今年運逢偏官得地，秋後理應完璧歸趙，破鏡重圓，明歲入冬得子，夫又得財。」

鄔翠芳當然不願意自己把這話告訴畢平安，而畢平安從那位朋友的表妹口中得此消息之後，就決定託天津那位朋友對何其芳表示，願意把鄔翠芳歸還何其芳，但願彼此從此心無仇恨。畢平安的殺身之禍就這樣化爲烏有了。

更奇怪的，畢平安自把鄔翠芳歸還何其芳之後，那個生在額正中的陷記開始變化，陰暗之色漸退，而第三年，他的元配本來三代都不生育的，竟然得胎生下一男，又打破畢家數代單傳的例；而且這個小孩額上並無那種怪相。此事秦四爺事先並未看出，後來據他解釋，這是畢平安難能之事所造成的「相由心改」的例。

說到這裡，讓我舉一實相爲例，此種怪相讀者可參看第二四一期星島週報封面美國太空人古柏的額正中凸起的，畢平安也是這地方，只是凹下的，凸起是吉相，凹下是凶相，那部位就是二十二歲。相信古柏的先人必有積德，而他的二十二歲那年也必有幸運之事的。

## 二 鐵板神算奇哉妙也

友人邱千里，河北石家莊人，因石家莊是京漢鐵路與石德鐵路的交义點，一向爲北方的軍事要衝，所以民國以來，時有兵荒馬亂之聲，使當地居民對於本地的地理優點，反而時加詛咒，爲的是交通雖便，而因戰事不能安居樂業，且時有破家蕩產甚至死於兵燹的生命危險。邱君家人本在石家莊經營粮食生意，可稱當地殷商；他的父親邱大華曾任當地粮食公會主席，就因爲有一次戰事被流彈擊傷左臂，割去了一手的。

邱千里爲了這緣故，後來他在北京高等師範學校畢業之後，便決定在北京或天津謀職，要在外成家立業，不願再做石家莊的人去冒那烽火和斷臂的危險。

但當他大學畢業前一年暑假回家，把自己的意見和計劃告訴父親時，邱大華不贊成兒子的計劃，他說一個人的遭遇如何，都是命中註定的，與地區無關，就以他割掉一臂的事來說，他雖然是因戰事流彈所傷割掉左臂，但在北京以及其他都市中，也何曾沒有人因病因傷也割去臂，鋸掉腿的？

他更進一步說，人有人的命運，地區也有地區的氣運，石家莊不是永遠的軍事要衝，若干年後，氣運一轉，也和其他平靖地區一樣，可以安居樂業的，不要計劃在外成家立業。

邱千里那時正是年青，而且又是一個大學生，當然不相信什麽地有氣運、人有命運之說。

他就對父親分辯說：「我不相信什麽命運和氣運之說的，我只相信有地文地理和人文地理的關係；我雖然沒有眼見爸爸當時負傷及割臂的情形，但我每次想起你缺了一隻臂，我心中就很難過；我以爲，如果你二十四歲那年不住在石家莊，不是就沒有這事了嗎？」

爲了要兒子相信命運之事，希望長子邱千里於明年大學畢業後回到家鄉做事、團聚，邱大華不得不把自己二十年前斷臂的故事告訴邱千里。本來自己斷臂之事不願兒子知道太淸楚，因爲這事與兒子的命運有關；現在爲了要兒子能夠和他團聚家裡，就不能不告訴他了。

他說，他的父親曾告訴他，當他少年時，算命先生說他命中旣有冲尅六親的毛病，又是短命，只能活到二十四歲。因爲他是長子，於是他父親就在他二十歲那年，就替他成親，希望他能早生一子，就是不幸於二十四歲死了，也不至絕嗣；同時，長子成婚也是一件好命的大喜事。

不幸得很，邱大華成婚的第二年，新娘肚子裡剛懷孕三個月，竟因患腸熱症，先流產，後去世。據邱大華的父親說，這原是算命先生預先說過的。算命先生曾說他在二十四以前結婚，必定要經過先尅一妻一子；之後才能留子的。邱大華的父親，爲着要得一個長孫，明知此事刑尅也不能不這樣做。於是邱大華二十二歲的春天再成親。當年年底就生了邱千里。

邱千里一出世，就請那個算命先生來「定時」。

定時了，算命先生就說：此子一歲就行運，而且命硬，與父母有刑尅，三歲也就是邱大華二十四歲那年，既有尅父之象，又有夭折之虞。這樣，再依邱大華自己的八字看，那年邱大華被尅已無疑的了，而現在所希望的就是此子不要再夭折就好了。

這些命中之事只是邱大華的父親一個人知道，邱大華自己一點也不知道的；因爲這關係妻子以及自己死亡之事，做父親的人絕對不願意兒子本人知道的，而且這仍不過是算命先生說的話，在沒有應驗之前，是不可亂說，徒使人驚慌的。但是，事有湊巧，邱大華二十三歲那年，爲了接洽粮食生意到德州去。

有一天閒着無事去看山東的土戲。戲場旁邊有好幾家算命舘，有一家算命舘招牌是「鐵梅舘」，門口有廣告說是：「本舘秘傳鐵板梅花神數，兩不開口可知休咎吉凶。」

他看得好奇怪，那有「兩不開口」之理？於是他走近門口向內望望。只見裡面有人在算命。

「請進來看看坐坐是歡迎的！」裡面有人這樣招徠生意。於是他就走進去，看看到底是什麽一囘事，心想，見識見識也是好的。

「請問我今年家中該有什麽喜事沒有？」命舘中有一個三十多歲的男人對算命先生這樣說。

他們坐在一面靠牆壁的大方桌旁邊的，算命先生坐一邊，兩位客人分坐兩邊。

算命先生就打開一本書，看了一看，微笑地對他說：「今天已經是十二月初十了，你所問的事大都是已經過去的了，是嗎？」

「是的，就是要查查看，他過去在這一年中發生了有什麽喜事沒有。」那個坐在另一邊的中年男子這樣說：「不管是壞是好，都請你查出來給我看看。」

算命先生聽了，仍一面笑容地說：「依書中所載的說，不特沒有喜事，而且有不好的事發生。」

他一面把書遞給他們看，指着書中的第幾行對他們說：「請你們自己看看對不對；如果不對，那可能有錯誤，但與我無干，請你們原諒！我只是替你們找書的。」

此時邱大華看見算命先生這樣說，覺得有些奇怪，就更靠近桌邊伸頭去看。奇哉！書中竟然這樣寫着：「妻美難共老，琵琶已別調。」

「哎喲，眞的，這是命中註定的事了！」那位朋友這樣驚訝地大叫起來。「鐵梅先生，我今年會不幸發生過這事，是不錯的；不過，我有點疑問，書中寫的是『琵琶已別調』，這是現時說的，如果我今年夏天來看的話，這話就不對了；因爲她那時還沒有走呢。」

那位三十多歲的男人這樣說了，又追上一句：「這又當如何解釋呢？」

「關於人事上變化的事，是要按月的節氣去找答案的，如果你六月來看，那就不是看這一條了。」算命先生又取回那本書，找出了另一條給他們看。

那條又怎樣說呢？「伊人不淑，出牆紅杏。」他們兩人看了這一條，同聲地「啊」嘆了一聲。

那男人就問：「這樣看來；是我的命運該當配妻不淑的嗎？」

那男人又說：「她難道也是命當如此的嗎？」

「那也不是這樣說，」算命的說：「一個人一生的富賤榮枯那是命中註定不可改易的；至於妻宮如何，却有兩種情形：一種是命中註明『配偶賢淑』或是『妻有別情』，一種則是看看所配妻子的年齡與自己的五行合不合，或是結婚之年，與自己的八字中妻宮有無不和之處。像你這樣八字，大概是後一種，即不是配妻的年齡不合，便是結婚那一年有衝尅不利妻宮的。」

於是那男人就請算命先生替他查查看，以後再要娶妻，什麽生肖的才對。

算命先生又翻了書，查出了一條這樣說：「配妻蛇雞牛，不至有別情。」

一會那兩個男子走了，邱大華看見這算命方法太奇怪也太靈應了；他當時雖然只是一個二十三歲的青年人，不知命運之事是什麽；但當他前年喪妻時，曾無意中聽他的父親曾對人說過「大華有刑妻尅子的命」這句話的。

於是他此時想起，若是自己的命是刑妻剋子的話，那父親又何必去年又要他再娶妻呢？而且現在的孩子是自己所心愛的，如果再剋了，豈不太痛心嗎？因此他就坐下去請算命先生也替他查查書看，他今後還有刑妻剋子之事沒有？

「請先生替我看看我的妻子如何？」邱大華把八字報出之後，照例算命先生要問他想要知道的什麽事，然後好替他找書來看；而他第一件事要問的就是關於妻子之事。隨着算命的就找到了一條給他看，寫的是：「二十四歲以前成婚，刑妻剋子；二十五歲之年成婚，同諧到老。」

他看了就問：「先生，請你爲我查查看，二十歲那年結婚如何？」

書中記載的是這樣：「五行不合，難諧到老。」

於是他又問：「那末二十一歲那年呢？」

書中說：「婚未周歲，妻赴黃泉。」

「先生，爲什麽只說妻而不說子呢？」

算命的說：「這是鐵板神算，查妻的專門說妻之事，你要問子，又有查子的事。」

於是他又替邱大華查查關於子女之事的。

一會查了一條是這樣說：「二十一歲，白虎臨門，未爲其父，先喪其子。」

「先生，這到底是什麽意思呀？」邱大華故意裝作不理會的樣子。

「這很明顯的是說那年你的太太難免有胎死腹中之事。」算命的又問：「到底有沒有此事呀？」

邱大華只點點頭，嘴裡沒有出聲。

「那末，這樣看來，那年你的太太當是因爲小產而去世了的，對嗎？」算命先生又問：「你還想問什麽沒有？」

「是，我現在想要問的就是我現在的妻子問題。」邱大華說：「因爲我是長子，二十一那年我妻因小產去世之後，二十二歲也就是去年春天，我父又要我娶媳婦；可幸是一年雙喜臨門，冬天就生了長子。現在我就是關心這個，因爲我的命運既說是二十四歲以前要刑妻尅子的話，對她們母子二人是否又有刑尅呢？」

他又嘆了一口氣道：「我眞不敢去想了！」

「你已經於二十一歲時尅過了妻子，也許不會再尅的；現在已是年底了，今年當是平安無事的；至於明年到底如何，讓我再查查看。」

算命先生又翻出了邱大華明年即二十四歲的妻子情形；關於妻子的一條是這樣說：「日夜辛勤，得力內助。」

關於子的一條則是：「父子相刑，難免災難。」

依算命解釋，明年他們父子之間雖然有「難免災難」之事，却也等於說明並無死亡之事了。

那末明年的災難，到底是何情形呢？算命先生想到命書上，既寫明二十四歲以前不吉，那當是邱大華本人明年有災難無疑。

於是算命先生就替邱大華查一查明年的大運情形。但是，查出的一條，却不能看得太明白到底是什麼災難，只能看出有不利之事而已。

因爲書中這樣說：「父子同命，禍從天降；父愛因子完全，失去一臂之助！」這裡前三句都不難明白，惟有最後一句頗覺費解。

據算命先生的解釋，所謂「父子同命，禍從天降」，乃指父子二人同時有受災的意思。

至於「失去一臂之助」，乃言喪失一個有力相助之人的意思，在這裡是否可以解釋爲因孩子受了某種災難、引起邱大華和一個好朋友失感絕交呢？一時似乎也沒有更好的解釋。

第二天，邱大華由德州回到家裡，就把昨天他第一次在德州看見過算命，和自己也是第一次算過命的事告訴了父親。

父親聽了心中十分歡喜；因爲這個德州的鐵梅舘並沒有說邱大華明年會死，只是有災難而已。

由於鐵梅舘對其他的事，算的都比從前那位算命先生說得更準，所以邱大華的父親就相信鐵梅舘的話，認定邱大華明年二十四歲不至於死了。

但是，邱本人因係青年，對於自己的死原不見得十分嚴重，而對於初生三歲的愛子有災難問題，却十二分憂心忡忡了。因爲命書中載明「父子同命，禍從天降」，所以他決定明年一年中朝夕不離孩子，爲的是要做到「父愛因子完全」，至於何謂「失去一臂之助」就不去管它了。

於是二十四歲那年，就決定不離開石家莊一步，只是在家裡和粮食行兩地，也不去別的地方。

就是由家裡到粮食行的一段路需要步行，他在決定不離孩子一年的原則下，不論任何時都要帶着孩一起的。這事總算邱大華可以做到了。

眞是：「天有不測風雲，人有旦夕禍福。」

民國初年，有一次北洋軍閥爭奪地盤，在石家莊附近打了起來。邱大華朝夕就帶着孩子邱千里就在家中，也不去粮食行了。邱大華的父親爲了長子和長孫的安全，當然更贊成此種辦法。事情來得奇怪，有一天戰爭就在石家莊車站爆發，轟的一聲，一個小砲彈打落在邱大華家裡的天井。家人有好幾個都受傷了，而邱大華却抱着邱千里向屋外望粮食行跑去。

因爲邱大華的家裏和糧食行，只距離大約十分鐘的路程，糧食行本身是一所三層的鋼骨水泥的房屋，而前後左右又都是堅固的房子，所以他想逃到那裏去比較安全。於是他就把三歲兒子邱千里抱在懷裏，隨手取了一襲毡子，就向街上跑出去了。

奔，跑；奔，跑；他只用五分鐘的時間跑到了自己的糧食行門口了。但是此時街上行人已稀少，大多數的市民都向自己家裏跑，沒有人再向街上跑的。因此雖然到了店門口，却不能馬上走進，因爲店中人怕有搶刼之事，早把大門關得緊緊地，原不打算在這戰爭爆發中，再有人會來到的。

於是邱大華只好一邊手抱着孩子，一邊手去叩門。本來他是用右手抱兒子的，因爲我們有用右手的習慣，右手也比較有力；此時他要急急叩門，左手叩門又好像有些不順手，也好像用不出大力；於是他就將孩子轉抱左手，改用右手去打門。

正轉過手也才叩了兩下門，「拍」的一聲，一個流彈打過來，正打在他的左臂的肘骨上面。

「哎喲」一聲，他覺得自己身上已中彈了，但不知中在何處；而此時「哇」的哭聲使他驚魂失色地，以爲是懷抱中的兒子中彈了。

正在危急之際，糧食行店門已經開了；店友們就出來把邱大華父子兩人扶進去了。「請大家來看看我的孩子身上有沒有傷。」邱大華把孩子交給店員們去照顧，而自己還不覺得負傷了。

一直等到有一位夥計看見他的手腕有血流出，叫一聲：「小老板，你手上有血。」的時候，他才覺得自己的肘上發痛得厲害，幾乎要倒下去了。他急急就脫去衣服，發覺肘骨上已中了彈，一動也不能再動了。

原來剛剛在門口打門時，一個流彈飛過來打中肘骨時，震動一下身體，把懷中的邱千里震驚發哭，而邱大華自己却不覺得負傷。此時邱大華雖然知道已經負傷了，幸而兒子沒有事，却也覺歡喜。因而他想起剛才如果不是自己受傷的話，這個子彈一定打死了兒子的。想到這裏他心中就記起了德州鐵梅館算命的根據鐵板神算數所說的完全應驗了；那命書不是明白說過：「父愛因而完全，失去一臂之助」嗎？於是他立即跑到醫院去看。可惜那時因市中受傷的人不少，一時他還能走動，不算是重傷需要急救的，僅僅先給他止血而已。

想不到邱大華的負傷因爲當天不能給他取出彈頭，到了第二天發高燒時，醫生檢查他的傷口，才發覺彈頭還藏在骨裏，而且已經發炎，必須將左臂肘骨以下割去方才可保全生命，否則就有中毒身亡的危險了。無可奈何，邱大華只好聽由醫生的決定，把左臂鋸掉半截了。

當他施手術之後，熱度正常之時，獨自躺在病床之上，想起那鐵板神算命書上所說的：「失去一臂之助」，原來就是如此說得明明白白的啊！

邱大華雖然失去了一臂，但一因這是命中註定的事；二因他當日就靠此一臂代替兒子一條性命，所以他心中還不覺十分難過。第二年爲要改裝一隻假手，他就上北京協和醫院去。在北京時，聽到有幾家著名的命舘，他就趁此機會跑往命舘，問問自己和孩子的事。

有一天他到了一家命舘，招牌爲「鬼谷居」，也是用鐵板神數的。但是，這一家的所謂鐵板神數却和德州那一家不同，他是每問一件事，都要由自己隨口報出六個不同的數字，算命先生用算盤把口報的數字加在一起之後，依其總數再除什麽數，然後再去找書的。

那天邱大華爲着先看看這家鐵板算靈不靈，就先問來北京之事如何。於是他對算命先生說：「請爲我看看我來北京所辦的事何時可以完妥，何時可以囘家？」接着他隨口報出六個不同的數字，有的是幾十，有的是幾百或幾千，也有的是若干萬的。

算命先生把它算了一下，再找鬼谷神數書中所示意思，對他寫出這樣的字句：「欲得臂助，數在庚辛；囘轉家門，忽奉天書。」

算命先生又解釋說：「你來北京要請朋友帮助你的事，要在庚辛兩日可以成功；至于你何時囘家，要等你的家書來了之後。」

邱大華不待他解釋，只看見「欲得臂助」四字，心中就大感驚奇了。因爲他在石家莊醫院已配了一隻假手，所以他走進命舘時，算命先生絕對看不出他是失臂的人，而鐵板神數所示的「欲得臂助，數在庚辛，」覺得未免太靈驗了。

「庚辛是指那兩天呢？」邱大華就這樣請問。

算命先生就打開曆書一邊屈指，一邊說道：「今天十二甲辰，甲乙丙丁戊己庚辛，十八日是庚戌，十九日是辛亥，那就是指十八和十九兩日，或者再後十天是二十八日庚申，二十九日辛酉也可以。」

邱大華心中一算，上星期協和醫院約定的正是十八日。

邱大華看見頭一事已問得太靈驗了，接着就把自己和孩子邱千里的八字報出，請算命先生算算看父子之間有什麼大衝尅沒有？這是問命理的，和那問事的算法又不同。

算命先生按着八字上的天干地支，去找到書中的答案，這鐵板算的書和德州鐵梅舘所用的是一樣，過去的也都說對了。

於是邱大華就說：「過去的不用說了，請查查看，以後我們父子之間還有什麼刑尅沒有？今年是否平安呢？」

在這孩子二十歲以前，大衝尅沒有，小刑衝總是難免的。好在這孩子到了二十歲走到午運，被子所冲，向南又向北，當與家人有五年的分離，也藉此分離可免刑衝了。」

「我們將來是否還需要分離？」邱大華又繼續問：「這孩子將來是從商還是從政的好呢？能否接替我的家業呢？」

算命的就依邱千里的八字，打開鐵板算的書給他看，關于父子是否需要分離之事這樣寫道：「午運五年，向南又向北；與父別離，欲合合不得。」

又在邱千里二十五歲那年找到命書所載的，則是這樣說：「未運以後，身家樂哉；歸回故里，欲離難開。」

又在邱千里的一生事業上，找有一條如此寫道：「此身與財無緣份，不作儒林即杏林。」

這就是說邱千里的命，不宜於從事發財的工商業，只宜從事教育或是醫生。

這是邱大華二十五歲也就是邱千里四歲時算的命，邱大華雖然對長子邱千里的命不宜繼承祖業從事經商，而只宜爲教師或醫生，頗有失望之處；但因自己此時已相信了命運之事，也就無可奈何的了。

此次他來北京鬼谷居命舘算了命，使他把前年在德州鐵梅舘所算的合起來一看，不能不使他相信人生的一切，都是命中註定了的。尤其是鬼谷居那天所說兩件近事，却靈驗無比，使他當時就無條件地相信命運了。那兩件事，一件就是所謂「欲得臂助，數在庚辛」了。

協和醫院頭一次通知他十八日去試裝，而那天竟然就是命書所寫明的庚戌日。

這還不算奇怪，十八日協和醫院把他的假手試裝之後，規定要他運用十日之後再來檢查一次，而十日之後的二十八日又是庚申日；更湊巧的，二十八日是星期天，改于二十九日去檢查作最後的裝璜，而那天正是辛酉日，因此頭一次既是「庚」日，後一次是「辛」日了，豈不妙哉！

北京鬼谷居命舘那天所算的，不特此事使邱大華驚奇稱妙，更有一事使他感到人生不特夭壽富貴貧賤等事不能自主，連多留北京幾天這樣的小事也都不能自主，那天在鬼谷居問事時，他曾問何時可以回家？而鬼谷神數說的不是「回轉家門，忽奉天書」嗎？當時算命先生只解釋說，至于何時可以回家，要等你的家書來了之後。

於是他想，平時由于商業上忙碌，難得來到北京，樂得這次趁此來裝假手的機會，在故都玩一個痛快的。於是他自己對這鬼谷神數所說的，認爲可以慢慢不急於打算回去，儘可等到家書來催還不遲。

因此，邱大華裝了假手之後，就決定以半個月的時間遊玩故都，玩完了就回去，就是沒有來信催他也要回去；換言之，也就是說，他知道家中因爲他來北京裝假手，當然要依醫院的日子，何時最後檢查了才能回去，家裏和店中的事，本來就是邱大華的父親做主的，絕對不會寫信來催他的。

於是他就寫一封信回家，報告假手已于某日作最後檢查好了，現在預備遊覽故都半月，在此半月中，如有要事可即來信，當可即回，這是邱大華來北京之後向他父親報告的家信。

事情却發得太奇妙的，當邱大華遊玩故都計劃才過六天，第七天他本打算搭火車去居庸關一看萬里長城的雄邁氣勢，憑弔這中國的歷史名物，眞想不到第七天晚上邱大華竟然接着家中一張電報，電文是「兒病即回」四字。他一見電報就想兒子一定病得相當厲害，才會打電報來的，於是就決定明天趕回石家莊，但他心中十分不安。

看看鐘錶，那時才晚上八時半，他知道這時候前門外還有夜市，看相算命的也都正在熱鬧，於是就馬上趕去前門外。到了鬼谷居命舘，生意正在忙不開，他點算一下，自己須等到第五位才能輪到，於是他就先付了潤金，領了木牌就退出來，預備在外邊隨便走走看看熱鬧，等會再來不遲，剛走出鬼谷居門口，望見斜對過一家舖面挂着「張鐵咀說相」五個大字，他就信步走過去了。

好奇怪，今天爲什麽算命看相的生意會這樣好啊！裏面又擠了許多人。他心裏雖然這樣想，而一邊又信步走進去了。

「請問先生，要等多少時光才能輪到我呀？」邱大華向門口挂號的問。

張鐵咀相舘的挂號先生向邱大華面上掃了幾個眼色之後，就笑對他說：「先生，請你稍坐一下，馬上就要輪到你了；因爲他們都是看氣色問事的，我們張先生的鐵咀，都只用一句話斬釘截鐵地說了就算的。」

於是邱大華就坐下來了。此次因爲自己心中有事，沒有閒情像從前在德州鐵梅舘時那樣有興趣去旁聽他們的談命，只是獨自兀坐在那裏等他們一個個出去。雖然沒有聽到張鐵咀對他們的談相斷語，却看見許多來客都好像帶着滿意的面容出去。

**「先生，你是要問什麼事的？」**張鐵咀一面問，一面看看邱大華的面孔。

「請你看看我家中最近有什麼事發生沒有？」邱大華就將問事的題目說了出來。

張鐵咀只微笑地說：「你只是有點晦氣，家中一點事也沒有，你可放心！」

他又補充說：「你是上月初由南向北來此嗎？七天之後你可以回去的了！」

「先生，我家中有事，今天來了電報，說我小孩病了，要我就回去，我是決定明天搭快車回去的。」

邱大華又把實在情形告訴了看相先生。

「小孩生病，家人小題大做來電報，而你又臨時決定明天就走，這統統是晦氣，我張鐵咀可以爲你担保，小孩子的病會在你到家之前就痊癒了的，你又不是醫生，趕回去幹嗎？」

他又勸導地說：「我勸你不用掛心，包你無事，而且你明天也走不成的！」

儘管張鐵咀這樣說，而邱大華心裏還是決定明天走。

最後他又問道：「我這晦氣要到幾時才能消掉？我此次來北京，所做的事都還很順利，何以說我面上有晦氣呢？」

張鐵咀就笑道：「依我看來，你自從家裏動身，就是爲了晦氣之事，我雖然不知你來北京貴幹，但我可斷言，你所謂順利，只是順利的『破財』而已，請你自己想想看，你這次來北京一直到囘家這一個多月中，是破財還是進財？若是破財之事，無論怎麽順利也都只是晦氣的順利。」

此時邱大華才恍然大悟，這些花錢裝假手，以及旅費等等，的確沒有一件不是破財的事。於是心中浮起了一陣會心的微笑。

一會他又走進鬼谷居命舘。剛好輪到了他的號數，他說：「我前幾天曾來算過命的，你並沒有看出我的孩子會生病，今天我却得到家裏的電報，說是兒子病了。」「你那天是否算過『囘轉家門，忽奉天書』的？」算命先生轉而笑說：「對，所謂天書就是電報了。」

算命先生還沒有說下去，邱大華又急問：「請問我兒子的病要緊不要緊？我决定明天趕囘去，沒有什麽不利嗎？」

接着算命先生又在命書上替他找出一條給他看：「父子相衝，作事不利。」

算命解釋說：「前次我記得曾告訴過你，在你兒子二十歲以前，大衝尅雖然沒有，而小刑衝總是難免的；現在你的孩子生病，也就是一種小刑衝，並不緊要，你可不必担心。」

「這事到底算是我冲他，還是他衝我呢？」邱大華說：「到底怎樣才算是大衝尅呢？」

算命的答說：「命書中已講明白，『父子相冲』；所以你衝他，他就生病；他衝你，你就不安於旅途，要提早趕回去了。因爲你父子在五行上有衝尅，所以常有此類晦氣之事。至于大衝尅，那就嚴重得多，不只破財和奔波而已，輕則大病或災難，重則一方死亡，甚至兩人一同死亡的。」

他又看看書解釋說：「就你父子的八字看，去年當是大刑衝之年，想去年你們必有大災難。」

邱大華聽了只是點點頭，接着他又說：「我原本打算在此遊玩半個月，今天才第七天，現在又打算明天回去，據你看，明天可用不用就回去？」

「據我看，這些都是晦氣之事，小破財總是難免的，你可打一張電報回去，說是要等幾天後才能回去，有無急速回家的必要？依我看來，這些晦氣的小衝尅，只是破些財和受些虛驚就可以免過的。」

於是邱大華囘到旅館，就發出這樣的一張電報：「據算命云，兒病無妨，擬周後囘，可否？電覆！」

邱大華這電報是打給他父親的，因爲他父親相信算命之事，所以電報中說明據算命云。第二天早晨，果然得到他父親的覆電說：「病熱已消，可緩囘。」

果然不出算命和看相先生所料，自此次事情之後，邱大華也和他父親一樣完全相信命運之事，因此當孩子邱千里二十歲那年中學畢業後，本來要他去北京讀朝陽大學的法科，說因邱千里有個同班同學到上海去讀中國公學的文科，因爲那時胡適之博士任公學的校長，一般青年因慕胡適之博士的大名的就喜到上海去了。

邱大華記起從前算命說的話，也就隨孩子的便去上海了。

奇怪得很，他雖然隨孩子的便，要去上海讀書就去上海，而邱千里自己却不能隨自己的便，而要受命運的支配，在上海中國公學只讀年半，由於學校發生學潮，胡適之博士去職，要到北京大學去教書，他也想轉學到北京去。

**本來此事做父親的邱大華絕對不贊同的，但當邱千里寫信給父親商量此事時，邱大**

華記起鐵板算曾說他的兒子二十歲走午運之後，被子所衝，向南又向北，只感覺這命運奇得太好笑了。這還不夠奇妙，更奇妙的還在後面。

邱千里離開上海到北京去，原想轉入北京大學的；說他想不到還要經過轉學考試，而北京大學的轉學名額有限，不容易考得上。結果邱千里因爲考不進北京大學，爲着學分要獲得轉學學校的全部承認關係，最後只有轉入高等師範學校了。

當邱大華接到孩子寫信報告轉學的情形時，他又是來一個奇妙之感，而浮起一陣會心的微笑。因爲當邱千里四歲時，鐵板算書上早就說他是「此身與財無緣份，不作儒林作杏林。」現在轉學到高等師範學校，不就是依命運的路向走入儒林了嗎？

邱大華此時爲要使孩子相信命運之事，不要再依自己的計劃，打算畢業之後在外成家立業不回故鄉，就把這過去之事一五一十都告訴了邱千里，最後的目的希望他能相信鐵板算會說他「二十歲午運五年，向南又向北，與父別離，欲合合不得。」

還有一句更重要是說：「二十五歲未運之後，身家樂哉；歸回故里，欲離難開！」

他對邱千里說：「我們父子兩人過去是衝尅，今後應是團聚之年，希望你相信這命運，不要妄自打算，徒勞無功！」

但是，邱千里仍不能聽他父親的話，高等師範學校畢業之後，就去瀋陽中學任教。半年後就和同事周女士結婚；原來這位周女士是他高師的同班同學，邱千里追求她，她是瀋陽人，不願去石家莊，所以邱千里只好違背父親的意思，也決心反抗命運了。然而他于一九三零年畢業到瀋陽任教只一年，而第二年的「九一八事變」，被日軍佔領，邱千里兩夫妻既同時失業，又需要逃入關內。

「逃，」向何處逃難呢？「生，」又向何處謀生呢？中國雖大，但當此兵荒馬亂之時，除了家園的石家莊之外，還有第二個地方嗎？

最後，邱千里也只有長嘆一聲：「命該如此」，兩口子回到家鄉來了！

# 三　一生榮枯要看三停

忘年之交郭東洲，他長我二十二歲，而平日論交並無老少心理上的隔閡，此君以官宦世家關係，少年得志，一帆風順。他十八歲以秀才出身，二十五歲就當縣長，因爲自幼就一切如意，倚靠祖宗的福蔭，家門的祥瑞，就用不着去算命看相，也沒有機會去算命看相了。據說他一向沒有算過命，看過相，但他並不是不相信命相的事，相反的却是一個最相信命相之事，爲什麼他一向沒有算過命看過相，而偏相信命相之事呢？他說，他聽父輩們時常說起命相之事，都是靈驗無比，所以他自幼就相信人生確有命運這回事的。

有一次我和他及另一個朋友鄧訪柏，從上海到浙江海寧去觀潮，順路又去杭州玩西湖。中秋節前後幾天的西湖，大都由于各處去海寧觀潮順路的關係，所有旅館門口必定掛起「客滿」的牌子的。好在我們杭州有熟人，當晚就住到湖上半山的烟霞洞去。

烟霞洞是西湖有名風景之區，洞畔有老式屋宇也有小洋房，可作遊客居停之用的，第二天早晨，我們就在烟霞洞附近走走，全湖美景盡在眼底，晨烟被朝陽所照，化作烟露，山色湖光時現時隱，這三五凡俗之人，一時世慮澄清，飄飄忽忽，也確有出世脫俗之念，像是洞中之仙子。

近午時，杭州朋友莊君也來了。他爲我們介紹與長住洞畔的一位居士相見，居士姓曾，有六十多歲的人了。據說他個人住在烟霞洞已多年了。由于莊君與曾居士很相熟，中午就在居士所住的地方喫飯。

席間，莊君就對我們說：「你們若是對看相之事有興趣的話，今天倒是一個好機會，曾居士是會看相的。」

他又補充說：「曾居士相術高明，絕非江湖之士可比，而且肯給你們解釋其中道理的。」

莊君此言，頭一個引起莫大興趣的是鄧訪柏君；第二個就是我；而郭東洲却只笑笑而無動於衷似的。

我們這三個人可以說三種遭遇不同的人：鄧東洲是一生順遂，不注意命運之事；鄧訪柏雖然也是秀才出身，也曾得意過，却因中間多有變故，而事事相信甚至迷信命運的支配；而我自己呢，則是半生患難，顚沛流離，種種事實的教訓，不能不使我不相信命運。

但奇怪的，我們還沒有開口，而曾居士却先對我們說：「你們三位，可以說都是貴人，恭喜，恭喜！」

「貴人？眞的我們三個人都是貴人嗎？」我帶笑話地說：「三個人要貴到什麽價錢呀？」

那時候我才三十九歲，雖然也當過政府的小官員，不相信這就會在面相上看出是什麽貴人。

至于郭東洲，他已是六十一歲的老人了，也曾當過父母官的縣長，說他是貴人還可以；而鄧訪柏呢，當時他只四十多歲，當市政府的財政局長，那確然算得上是一個貴人的。

奇怪的，這位居士裝束的曾先生，聽見我說這話，就笑對莊君問道：「莊先生，你們都是相好的朋友嗎？」

「不，我只和齊先生是多年的朋友，而他們兩位，昨天下午才初交的，他們倆曾當過什麽高官，我一點也不知道的。」

於是曾居士就笑對莊先生說：「這三位先生剛才是你介紹給我的。你又把我會看相的事介紹給他們了，現在我爲了不負你的介紹，我替你介紹一下好不好？」

曾居士說着就用手勢依次從郭東洲而鄧訪柏，而最後指着我，一一介紹說：「這位郭老先生是過去的貴人，這位鄧先生是現在的貴人，而這位年青朋友的齊先生，則是未來的貴人了！」

「眞的嗎？恭喜貴人，歡迎貴人！」莊先生把他從城裏帶來的上好紹興酒斟滿我們的酒杯，又舉起他自己手中的酒杯，說：「請三位貴人乾一杯！」

曾居士乾了半杯之後又說：「你們三位，還是以老先生最有福氣，他少年得志，一帆風順，一生平穩，堪稱福人！至於你們兩位，雖然貴在老先生之上，但却一生勞碌奔波，難免災難重重。」

被曾居士這一說，却把我和鄧訪柏二人，一則以喜，一則以懼；喜的是我們他日的爲官當不只一個縣長的小官，而懼的「勞碌奔波」雖不怕，而「災難重重」却不能不担心了。

於是鄧訪柏因自己平日對于相理太有興趣，就趁此機會想學些秘訣，就朝着郭東洲的臉孔請教曾居士，說：「所謂一生平穩，就堪稱爲福人嗎？這又當如何看法呢？」

曾居士就說：「我們的面部得分爲三停：由髮際到眉，稱爲『上停』，表現由十六歲到三十歲的少年運；由兩眉到鼻頭，稱爲『中停』，表現由三十一歲至五十歲的中年運；由人中到下頷，稱爲『下停』，是表現由五十一歲以後的老年運。這三停貴在均匀，就是性情中和，運道平穩之象。」

曾居士說到這裏，就起來取了兩隻鏡子來給我們看看自己的臉孔。我們各人看了自己面孔之後，就互相觀察了一下。

「郭先生是三停均匀，所以他性情中和，不特一生沒有災難之事，連大病痛也都沒有，這不是最大的福氣嗎？」曾居士又指鄧君和我說：「鄧先生之中停稍長，而下停最短；齊先生則是上停短，中停稍長，下停最長；所以你們三人的運命，就彼此大不相同了。就郭先生的相說，因爲上停稍高一點，而兩額之旁的天倉也豐滿，所以他少年運最佳，功名官運都應在二十八歲以前就發達夠了。至于鄧先生，一生黃金時代應在中年，而齊先生則宜在晚年；這就是三停的主要道理了；當然其中除均匀外，也還有其他善惡形象等關係的。」

「可否舉一些實例給我們說說？」老鄧向曾居士請求指示。

「可以的，」曾居士便隨便指着郭東洲額上兩眉之間的一塊平坦地方說：「這塊地方在部位上叫做『印堂』，又名『命宮』，一面關係一生福壽，一面也是關係二十八歲那年的運氣。就郭先生這上面的紋路言，就是一生官運受阻之象，依我看，郭先生當於二十五歲就出任父母官，至二十八歲那年因事罷官，從此不再掌握正印，只有清閒散缺了。」

郭東洲聽了，好像不願意曾居士再說下去，就有意把話頭轉移老鄧身上去，說：「我這老頭不想再做官了，用不着多費神了，還是給老鄧先生多看看點，他的官運正在亨通呢！」

「是，你老先生的好福氣就在於祖上有豐厚的積德與遺產，所以你二十八歲那年一罷官就決心不再爲官，否則宦海浮沉，你就沒有這樣福氣了。」

本來我對郭東洲的往事，不大知得清楚，由于曾居士說他「二十八歲因事罷官」，而他自己又那樣想避免再說下去，引起我的疑心，於是有一次碰到郭家人，就打聽到郭東洲廿八歲時罷官的往事，原來他那年在安徽當縣長，因與民間婦女通姦並貪贓兩罪並發，幾乎殺頭，後以先人的餘蔭，才以「終身革職，不予錄用」了事的，這印堂上的交紋未免太厲害了。

那天飯後老鄧繼續問他自己的運道問題。「我的功名和郭先生差不多，也是年少發跡的，但我的官運却沒有那麽早。」老鄧就也以印堂爲題問道：「我的印堂如何？」

曾居士淺笑地說：「你的印堂雖然沒有交紋，但不如郭先生的寬濶和平坦，所以你的性情不若郭先生的和平，而福壽當也不如他了。至於功名早發，那是祖宗積德；你的天倉不夠豐滿，所以早歲官運不見亨通。但因你的中停比郭先生强得多，所以你的官運雖然要在三十一歲之後才能發迹，而三十八歲至四十歲，却是登峯造極，不止做一個縣長了。」

曾居士又問他：「你當時是當過廳長，還是市長？」

「是廳長，」老鄧說：「在相上看得出我該當過甚麽廳長嗎？」

「看得出的，」曾居士說：「依你的鼻相看，你應是管錢財的，所以我想是財政廳長罷！」

「對的，我當時在山東當財政廳長；」老鄧就問：「請問一聲，我當時是在山東當財政廳長，而結果沒有錢，現在連一個市政府的小局長也要當了。」

老鄧好像在埋怨自己的命運，但曾居士却笑說：「你此人可算是一個眞正與財有緣的人了，一邊進財，一邊散財，所以你不能聚財了。我看你現在還是一個財政局長，對嗎？」

此時老鄧又插嘴問：「這管財政的相到底要看甚麼地方？能夠聚財與不能聚財又當要看什麽地方？我想五十歲以後要到北京去養老，北京地方實在好，你看我到五十歲能夠有點財嗎？」

「一個人近貴或近富，倒不難看；於當日是管民政的官，或管財政的官，那就不容易看了。」曾居士繼續說：「一般的也是比較淺顯的看相法都是看中停，也就是看鼻與兩顴。鼻與兩顴有力有勢，大都是近貴，鼻有肉，兩孔不露，大都是近富。至於爲官如何，那就要與眉目配合去看了，問題不太簡單，不是今天所能盡言，而今天只能告訴你一事，一個人不能財色兩全，你之所以不能聚財，爲的是你好色，財便從色漏去了；此後你要聚財，必須戒色，否則永不聚財！」

最後曾居士對老鄧所問的事是這樣的答覆：「你說五十歲想到北京去養老，我却看五十一歲不是向北走，而偏要向南行。如果你要想留一點錢養老的話，四十八歲那年你有進財的機會，你要在四十七歲起就戒色，不要再玩女人，不要再娶妾，那末你就那年的進財，儘夠你的養老用途了。你切要記住，要作向南行的打算，切不可作去北京的計劃。」

鄧訪柏看相那年是四十六歲，也就是抗戰勝利的第二年。第三年是四十七歲，就是曾居士勸誡他要開始戒色之年。本來此君是有名的嫖客，他玩過的妓女不是以十計數，而是以百計算。所以他的小老婆每年有進門的也有下堂的。要嫖一個上等的妓女要花不少錢；一個小老婆進門要花許多錢，而下堂一個也不能統統不花錢；所以鄧訪柏雖然一向官運亨通財運也亨通；但因桃花運也亨通的關係，財色本有連帶關係，他的財就化為色了，所以手邊所剩的錢就不多了。四十七歲那年他決心聽從曾居士看相時勸誡的話，不再玩女人了。

最大的原因是那年是一九四七年華北軍事已開始緊張，局勢逐漸惡化；他記起看相說他打算五十歲去北京養老計劃不成的話，他相信曾居士的話要說準了，看情形北京之行已不成了。

於是他決定聽看相的話，明年四十八歲進財之年，要今年開始戒色，明年的進財才能保得住不至散掉，則五十歲之後才有老本。

果然一九四八年以金圓券的關係，郭訪柏發了一筆大財，除當時在上海買了不少房屋外，爲着準備所謂「南行」，他就把一部分欵子轉到香港來。

到了上海易手前夕，他把正式和非正式的五位姨太太，安頓的安頓，遣散的遣散之後，帶一個最年輕的小老婆，就逃到這太平山下來了。這是鄧訪柏四十八歲的那年年底的事。

到了香港之後，當然又是一番世界。他原想長住香港，但一因太接近大陸了，二因他記起看相的曾說他「五十一歲南行」的話，由是就想，這次雖然由上海到香港也算是南行了，而曾居士當年只說他四十八歲進財，並沒有說他南行，所以他以爲將來恐怕尚有一次的「南行」，那地方才算他此生最後定居養老之所了。

那時香港正有許多人計劃到南美去的，他想這正是應驗看相所說「南行」最好的去處了。於是他就決定去南美。

從一九四九年底開始計劃去南美，本來一九五〇年秋天就可實行的，想不到他的姨太太忽然肚痛如絞，經醫生檢查，是宮外孕，開刀之後，體力不支，需要調養，不宜長途旅行，於是他被迫改期，結果挨到一九五一年夏天才成行。

動身那天他對我說：「看相說過的五十一歲南行，就是今天之事了！」

至于杭州西湖烟霞洞，曾居士當時替我看相所說的話，倒好像還未曾完全應驗。當然，從另一方面看，也許也可算是應驗的。

當時他說我的有兩句重要的話：一句他說我是「未來的貴人」；一句他說我「下停好，晚境佳。」

當時我曾問他，所謂「未來貴人」，「未來」是幾時？「貴人」是何職？

他肯定地答說：「明年以後，便算未來；縣長以上，乃是官階。」

抗戰勝利的第三年，我雖然改換了環境，但從未做過縣長以上的大官。以現在的情形以及此後的處境，所謂「官」，無論大小總是「關」之大吉了！這也許當時曾居士看見我還是年輕人，爲着在兩個都做過縣長以上的朋友面前，替我裝裝面子，一方面也用以勉勵我不一定。

算命看相的本來都帶有「多說好，少說壞」的，一則安慰人，一則勉勵人的責任，這我也無怪他的。另一點那可算是說對了。他說我「下停好，晚境佳。」現在看來是差强人意了。

這幾年來在香港雖然不算什麽好世事，在一個逃難的人看來，也算自足了。記得當時他說鄧訪柏不宜北走宜南行的，我也曾問過他，我因爲自幼住過北平，也很想晚年到故都去的。他也說我和鄧訪柏一樣宜南不宜北。當時我雖然沒有問他的終老情形如何，而這十多年來我若與在大陸的親戚朋友以及熟人相比的話，我已不願在大陸當縣長以上的大官交換了，這也許就是居士嘴上所說的實在情形。如果不是，我只好再等待下去。

說到這裡使我記起一件事，那就是後來那位杭州友人莊君對我說的。莊君說，曾居士于我們走後曾有一天對他說起我們三人的命運終局。說郭東洲一生都算還好，惟有結局不好，說他將于古稀之年死于非命；說鄧訪柏將于卦數即六十四歲便客死異鄉；說我呢，要活到八十四歲。

當時我不相信郭東洲會于古稀之年死于非命，因爲他性情和平，家境也好，不至于此。然而事實呢，前幾年正是他七十歲，因被清算，受不了精神上的痛苦，竟然懸樑自盡了。如果曾居士的話全驗的話，我的賤命雖然還有二十多年，而鄧訪柏則將于明歲客死于巴西了！

一個人的一生榮枯，要在面部的上中下三停上表現出來，確是一件又奇妙又科學的事了。

## 四　人中歪短壽數有限

民國二十二年冬，在南京小住一個冬天。少時我曾住過北京。前後十五年所目覩的兩個一舊一新的首都，氣派大不相同，除官場的習氣差不多外，南京當然比不上北京的堂皇與富麗，但有一事却完全相同，那就是政府官員大都對看相算命之事感有興趣，俗語說得好，「富燒香，窮算命！」一個人是如此，社會也是如此。

北京各寺廟裡燒香的人比南京多得多，這也許由于北京是故都，南京是革命政府的關係。然而，看相算命之事，竟然新舊兩都同樣興旺，這就表示了兩都的政治同樣不安定，政海無情，浮沉多變，所以政府人員也只好靠命運不靠行政制度，與個人才能了。

在南京住了四個多月，平均每星期有四次酬酢，而每次在宴會席上，沒有不以命相之事爲談資的。當時不特幾家著名的算命看相的每天只限看多少人，而且需要前兩天先去掛號的；連政府人員中的業餘命相家，也忙得不可開交，只要你確有兩下，說靈了一兩次，你就天天有人請客，要你說幾句、贈兩言的。記得有一次在最高法院推事吳兆梅公館中宴會席上，有個姓錢的是內政部參事，據說是一個業餘看相名家，年紀當在五十上下，態度倒也十分溫文，當然他是爲着有人請他看相而被邀來的。于是整個宴會可以說就是談相的集會，由開席到席終，所談的就是相經。

像這樣的場合在當時原是很平凡而無足怪的；但此次談的相却使我有極深的印象，因爲我有個朋友陶梅豐，就因爲那次的說相，使他决心去學看相，終而也成了一名綽號爲「半仙」的業餘看相名家，現在且把那天的情形說一說。

最初請錢參事看相的是一個將近五十歲的賀先生。他自稱雲南人，剛從昆明來，要請錢參事給他看看來京謀事是否順利，後運如何。錢參事看了他幾眼就問：「賀先生今年還未到五十歲嗎？」

「是，我今年四十九歲了。」

「你去年尅過妻沒有？」

「是，內子是去年去世的。」

于是錢參事便把賀先生所回答的兩句話作爲年齡和六親的查對，開始評定賀先生的近事。

他說：「你雖剛從雲南來，但你却又即要回到昆明去的。論謀事，你的事已經內定了，為什麽你自己還不知道呢？」

賀先生一聽錢參事說他去年尅妻之事早已心服了，現在又聽見他說「所謀之事不謀而成」，更是奇異了；因為賀先生此次由雲南來南京，的確不是來謀事，而他的事早就由他在京朋友替他向主辦部門弄好已內定了，叫他來京只是明命發表前，要和主管部接接頭的。

不過，最近這兩天又可能發生變化，所以他不放心，剛剛所問的「來京謀事是否順利」，就是指此變化說的。現在他一聽到錢參事說他的事「已經內定了的，為什麽還不知道呢？」于是他就說：「不錯，賤事原是內定，但最近又有變化，所以我自己不知道這變化如何，請你給我斷斷看。」

「這變化與你無干，你的事不會有人與你逐鹿，因為你的事是無權可爭，無利可圖的清寒官職。」

賀先生越聽越妙，想不到這位錢參事，相術竟會如此高明。原來此次賀先生由雲南來南京，為的是教育部發表他為雲南省政府教育廳長，案已內定了，所以叫他接接頭，同時辦妥銓敘的手續。

至于所謂變化，乃謠傳雲南省政府有全部改組的可能，如果全部改組，就會影响到他的內定的。事實上就是當天下午才决定暫不全部改組，而賀先生的任命案也已于下午决定了的。賀先生看見錢參事說得這樣的肯定，就打電話去問他的教育部的朋友。

朋友告訴他說，下午部長奉到主席的面諭，雲南省府暫不改組，所以臨時把賀先生的任命案送去行政院，預備明天開會通過的。

賀先生放下電話，滿面的笑容地走回來，拱起雙手對錢參事說：「謝謝你，今下午我的任命案才送去行政院，預備明天會期通過的。」

接着賀先生又問：「可以看得出，我這教育廳長可任幾久嗎？雲南省政府最近總不會改組嗎？」

錢參事笑一笑說：「不管雲南政府何時改組，你的教育廳長總是做到你自己不做爲止！」

「眞的嗎？我的後運會這樣好嗎？」

賀先生是一個讀書人，早年留學日本早稻田大學，也曾任中學校長、教育廳科長等職，此次得力于某部長的推薦，得任教育廳長，自己十分得意，一聽到錢參事說他這廳長官職要做到自己不做爲止，心裡想：「我那會自己不做呢？我希望能做廿年哩。」

那天對賀先生的事只說到這裡爲止。賀先生不特對錢參事的相術高明感到驚奇，對自己的前途更感到滿意。過了幾天，我們又于一個宴會中碰到錢參事，吳兆梅的弟弟就笑問錢參事：「你那天說那位賀先生的雲南教育廳長，要做到他自己不做爲止，眞有此事嗎？現在的政局，尤其是地方政府，時常變動，大有朝秦暮楚之勢，那有一個廳長會做那麼久呢？」

錢參事說：「你是賀先生的好朋友嗎？」

「不是。」于是錢參事就笑笑說：「無論如何這教育廳長可當滿兩年，那年他正是五十一歲。那時候他會做不下去的。」

「那末你爲什麽不說他做到五十一歲呢？」

錢參事回答說：「你不是也懂一點看相嗎？你注意到他的人中和他的嘴形嗎？」

「是呀，我就是因爲此點，所以至今懷疑你那天所說的話；因爲依我初學的看法，他的官運只到五十歲爲止，而你偏說他要做到他自己不想做爲止，而他自己想做一輩子的，所以他這兩天對人說，你說他教育廳長是終身職呢！」

「是的呀，我說的和他想的不錯呀！」錢參事一面笑，一面補充說：「所不同的是你只看他的官運止于五十歲，而我却斷定他連官帶壽，都止于五十一歲的上半年呀！」

「噢，原來如此！」吳兆梅的弟弟對錢參事的所言才恍然大悟，于是就向錢參事請教道：「賀先生的人中既短又歪，這是我們看得出那年他的官運不利，却不能斷定他的壽命止于那年，這一點我委實不懂，要向你叨教了！」

于是錢參事就解釋說：「人中在面相上是中停與下停交接的地方。就部位言，五十一歲行運到人中，所以人中也就是晚年的開始。賀先生的人中既短又歪，五十一歲行運不佳這是明顯的。至于如何能斷他大命止于五十一歲，那就要看嘴形和下停的氣勢了。賀先生的嘴形惡劣難堪，而且聲如破鑼無韻，其下頷既短又削。換一句話就是說，他的下停一無可取。本來，人中不佳如果嘴形良好，那只是五十一歲運氣不好而已，尚不至于死亡；若嘴形惡劣，下頷無氣，那末，人中惡相便是一生終局所在了。」這是錢參事僅僅就相論相的說法，當然是高明之見，合理之言。

至于事實呢，那位雲南教育廳長賀先生，果然于五十一歲上半年于任內病死了。

## 五　因禍反得福兩妻嘆無妻

抗戰期中，友人江千里因精于子平命理，從北平、而上海、而南京、而漢口、而重慶、而昆明，後來又從昆明而香港、而上海，中間替許多親戚朋友以及素不相識的人，算過不計其數的命，從而得到很多事實的證明，使他命理之學大有進步。他原是北平清華大學畢業的，而且學的是數理化學等。一個清華大學的畢業生，而因相信命運進而自己去研究命理，這其中自有一段奇妙的事引起他的興趣，那是毫無問題的。到底他碰到什麽的事呢？

有一次，他陪一位教數學的陳教授去東安市場買物。在市場裡面碰到兩位女同學奚小姐和汪小姐，她們倆原是表姊妹的。兩位小姐扶着一位六十多歲的老太太，滿面愁容的急急走。這位老太太是汪小姐的母親，是奚小姐的舅母，江千里以前是見過的，于是江千里就走過去向老伯母請安之後，就問奚小姐，似乎有了什麽事的，這樣急急忙忙往那裡去？

奚小姐說：「舅母要去鬼谷居算命，我們陪她一道去的。」

「算命？爲什麽要算命？」江千里說：「這迷信的事你們爲什麽不勸勸老人家？」

奚小姐笑笑說：「算命怪有趣的，有時候靈驗的奇怪，其奇妙處，眞實不能不使你相信。」

這時候，老太太和汪小姐已經是走得很遠了，于是奚小姐就對陳教授和江千里說：「鬼谷居經常生意很忙，我們掛特別號，雖然可以提前算，但也要等半小時以後才能輪到，你兩位等下如有時間，無妨來看看的！」

江千里說：「我們等下去看看原是可以的，不管有無興趣；不過，我相信你的話，你剛才說有時靈驗得奇怪，到底是怎麽一回事，讓我先聽聽看，也讓陳教授考慮考慮等下有無去看的價值。」

于是奚小姐就說：「就舉今天舅母來算命的例來說，我的表兄汪爲仁在南京做事你是知道的。今年正月舅母替他請鬼谷居算算新年命，算命的說他今年十一月二十五日他生日之前恐有牢獄之災，而今天是二十二日，剛剛接到南京親戚的電報，說他昨夜十二點鐘被警備司令部拘去，今天托人查明，因有某種政治嫌疑，一時不能恢復自由，你看這算命的說得靈驗不靈驗？」

她又補充說：「今年正月舅母來時，也是由我和汪爲珍陪她來的，所以我今天一定要來看看算命的怎麽說。」說罷，奚小姐就匆匆走了。

江千里聽了奚小姐的話，半疑半信的對陳教授說：「眞的有此事嗎？這倒是有一聽的價值了。」

「是的，我有好幾個朋友都是很有見識，也都相信命理的事，今天有這機會，我們無妨去看看到底是什麽一回事。」

陳教授說時，似又想到另一事，又繼續道：「如果等下方便的話，我也可以試試，看他們能不能算得出我去年和今年已經發生了的事；如果能說出，我就也相信，因爲那些事連我自己是莫名其妙的。」

陳教授所說的「去年」發生的事，江千里心中似乎推測是指和太太離婚的事，但所謂「今年」已經發生的事就說不出了。

于是江千里就叫一聲說：「陳老師，去年的事是指師母之事嗎？今年你並說有什麽大事發生的呀！」

「如果算命的有功夫能夠說得出，等下你自然都會明白是什麽的事，如果他們算不出，那末我就該守秘密下去了。」

陳教授又笑說：「我想人生多多少少都有一些不可告人的事，那事也不一定就是壞事，有時是一件好事。」

「是的，如果你算對了，我也來試試看。我過去雖然沒有什麽特別的事如『牢獄之災』或『與妻離婚』之類的事。」

「你自己的生辰八字知道嗎？」陳教授說：「很多人只知道生日而不知時辰的。」

「是，去年聽家母曾對人說過的；我是二十二歲五月初六日午時生的；因爲前一天是端午節，所以我很容易就把它記住了的。」

大約半小時之後，陳教授和江千里兩人果然一起到了鬼谷居命舘來了。奚小姐和汪小姐就招呼他們坐。命舘中的生意果然很忙，剛剛才輪到汪老太。江千里就偷偷對奚小姐說：「等下我們也許試試看，希望能接在你們後面，不用再掛號。」

奚小姐點點頭。接着就看見汪老太拿出一張今年正月來看新年命的掛號條子遞給大算命先生，說：「這是正月時替我小兒看的新年命，他在南方做事，最近想回來一下，請你再給他看看，幾時可以抽身返來。」

鬼谷居命舘主人周先生就依單上的號數找到了存根，上面記明八字，也畧把本年大事草記在裡面。他看了一下就說：「汪老太，你的孩子恐怕已經出了毛病。」

周先生停了一下又說：「我正月裡，不是已經說過了，怕他今年有牢獄之災嗎？」

「費神周先生給他看看這牢獄之災是不要緊的嗎？我的孩子是很規矩，大約幾天之內可以平安無事呢？」

奇怪的，鬼谷居命舘主人周先生竟然堅定地這樣說：「今天是十一月廿二日，要是昨天夜裡子時後出了毛病，那末今年之內不能囘來了。」

他接着說：「這牢獄之災雖然是不緊要的；但不長也不短，要過三個節氣，一共要一百零五天才能恢復自由。」

汪老太一聽說要一百零五天，眼淚就落下來了，一面抹眼淚。一面埋怨說：「我的兒子一定是寃枉的！」

「汪老太，你不用傷心的，我也看出來了，你的少爺不特是寃枉的，而且會因禍得福的；因爲他這一百零五天牢獄之災後有好運氣，不特職位不會丟掉，還會升遷，可能還有其他因禍得福之事的。」

一會，汪小姐和奚小姐就陪着汪老太回去了。

接着陳教授和江千里就補交了特別號的潤金之後，陳教授先報出自己的八字，要算前後五年的事，以及後運大畧情形。算命先生照例替陳教授查對了準確的生辰之後，算命先生開口第一句就把陳教授說得驚奇起來。

他說：「陳先生，你八字不是平凡的。若依滿凊時代來說，你二十六歲那年應得『進士』的功名，以現在民國的情形來說，你那年應得『博士』的學位。」

江千里在旁聽了這話，也大覺奇怪；因爲，他雖然做了陳教授三年的學生，也只知道陳教授是美國康奈爾大學的博士，至于陳教授幾歲獲得博士學位也不知道，而今算命的竟然在八字上看出了，豈不怪哉！

「陳先生幾歲出國留學看得出嗎？」江千里隨便說了一句。

「這是很容易看得出的，二十二歲那年他驛馬動，就是那年出國的；」算命先生又說：「比較難看的是他何以能夠出國留學，因爲陳先生乃貧家子，本無力留學的，而今竟然能夠出國留學；我想大概是考上了『庚子賠欵』吧！」

「這又說對了！」陳教授不勝讚嘆算命的神奇。

江千里反而有些不服氣說：「考庚子賠欵留學，非大學畢業不可，他能讀大學，那可算是貧家之子呢！」

「我只是照命理說的，至于他是不是貧家之子，只好問陳先生自己了！」周先生又堅決地說：「他命中是有兩貴人，依我看，他的讀大學，乃由別人帮助他的！」

此時江千里才若有所悟地望望陳教授；只見陳教授微笑點點頭，表示算命周先生所的話並沒有錯。

接着陳教授就問：「請問帮助我讀大學是什麽人，可以看得出嗎？」

「就一般的情形說，只能看出有貴人相助，不容易看出那人是什麽人；不過，依你的八字看，却明顯的是得力于妻財，你是十八歲上半年結婚，下半年考入大學，這年你財喜並臨，我想你是得了妻財才能讀大學，對嗎？」

陳教授的面上表情有些不自然，便岔開話題不作答覆。但因剛才在市塲購物時，曾對江千里說過，要看看算命能否算出他去年和今年所發生的事件，于是江千里就接着問道：「過去可不用再說了，請周先生看看陳先生去年和今年會發生過什麽事沒有？而今後的福壽妻子的情形又是若何？陳先生今年才三十二歲，將來的富貴又當若何？」

「我剛才說的妻財，就是與去年之事有關，陳先生原是兩妻之命，但去年命中三刑兩尅，却把兩妻都冲散了！」

算命的才說到這裡，而江千里却截着說：「這話不全對了，我是陳先生的親人，他只有一個妻，並無兩妻之事。」

算命的笑道：「你可以不知，陳先生也可以騙你，但我們騙過八字，而八字也不會騙我，依命理看，陳先生十八歲娶的元配，是一個富家之女；二十六歲在外國得了博士回來，又停妻再娶一個貴人之女；然而，到了去年，五行中刑尅太過，除要尅父之外，而兩妻之間難爲夫，調停無效，一鬧便鬧翻了！」

這下却把江千里呆住了，他只知道去年陳教授曾與師母離婚，師母的父親曾任湖南和山西兩省的教育廳長；至于陳教授的鄉下還有結髮，以及去年何故竟然同時離婚，一點也沒有耳聞過。而現在算命的竟敢如此直說，陳教授也只有靜聽，有口莫辯，這未免使他奇怪了。原來陳教授是河南商邱縣鄉下人，小學畢業後無力升學，後來讀官費的師範學校，成績優異，得當時鄉下財主張某的賞識，欲以愛女嫁他；但因張女貌既不美，又年長三歲，因而約明：成婚時張某厚嫁其女，另陪嫁四年田租，作爲男家升讀大學費用。陳教授當時只是十八歲年青人，只知升學爲重，婚姻本無自主權，便由父母決定。結婚之後就到北京來讀清華大學了。

這位陳教授與張家女結婚的第二年就生了一個孩子，以後到北京來讀這洋化的清華大學之後，漸漸就對那鄉下女子的元配不滿，以後就不再生男養女了。後來又去美國留學五年，得了博士學位，一囘國就榮任清華大學教授，更早把那髮妻忘記了。

於是有一山西女子韓小姐，父親曾任教育廳長的，她自燕京大學畢業後，在北京一個著名的中學校教書，陳教授愛上了她，由談戀愛到結婚，一直騙她沒有結婚，韓小姐也心算陳教授的讀大學以至留學，不像有結婚的機會，她絕想不到在讀大學那年才十八歲就結婚，更想不到當一個教授的人會騙婚，便於陳教授囘國的第二年冬天，就在北京結婚了。

自重婚至去年，整整五年了，鄉下髮妻張氏早已知道此事，爲着自己年長貌醜，只要陳教授每月有欵寄返家也就算了；而韓小姐却是蒙在鼓裏不知此身是妾的。

**這五年來，因爲陳教授的父母都在鄉下，所以每月都要寄欵囘家，當無可疑之處，**

到了去年，陳教授的父親在鄉間去世，陳教授曾去治喪，而韓小姐自己也不大願意一起奔喪，陳教授則有意勸阻她不必奔喪，也就無從發覺他鄉下還有髮妻和孩子。

天下事眞是無巧不成書，韓小姐教書的學校裏，有個同事有親戚在河南商邱地方法院裏當檢察官，有一天郵寄一包商邱的土產來，打開郵包的時候，韓小姐剛好在場，裏面大大小小好多包，大都是食物的。

其中有一包是用一張喪帖的，上面竟然印有「孝男陳某某」的字樣，韓小姐就想這是陳教授喪父時所發的訃帖，就隨手拿來一看，這一看眞萬想不到，五年蒙在鼓裏，此刻韓小姐却從鼓裏哎喲一聲突然跳出來了！你想這喪帖裏出了什麽毛病？想不到原來這張訃帖是前兩個月陳教授在鄉間發的，而喪帖上面竟然有「長孫某某」以及「媳張氏」等字樣。

韓小姐這一氣當然非同小可，因爲確鑿的物證在手，連與陳教授一句話也不說，就向北京地方法院請求離婚。訴狀遞進法院的第二日，法院裏有人通知陳教授，陳教授立即寫信委託商邱律師，代向商邱地方法院請求與髮妻張氏離婚，當然一方面托人向髮妻張氏說妥某些苦衷和條件，商邱法院果然很快就批准了，然而只能免去陳教授在北京「

重婚」的罪，仍無法挽回韓小姐離婚的決心。

本來像陳教授此種情形，是可以用「重婚」兩罪起訴的。好在第一、韓小姐顧念五年夫妻之情，只求離婚；第二、法院裏有朋友從中講情，所以，雖然經過許多人的調解均告無效，只好依法院判決與韓小姐宣告離婚了。這一下，陳教授本來是兩妻的人，而現在却長嘆無妻了！

在這裏還有一個小插曲，韓小姐拿了那張訃帖之後，並沒有和別人商量，因爲她的姑母在北京，只跑去和姑母商量。很奇怪，姑母並不生氣，還勸慰她說，不要太怪陳教授，只怪妳自己的命不能做元配，姑母告訴她，幼時家人曾爲她算過命，算命的說她不是元配命，而且中間難免一次宣告仳離的。她不信果有什麽命定爲妾之事，自己偷偷地跑去前門天橋去算一個命。奇怪，算命的不特說她過去的事全對，還說她本月內就有與夫離異之事發生。還說她經過了此次變故之後，將來不再受騙，而能有如意的家庭了。也因此，韓小姐在法院上就只求離婚，不追究陳教授的其他罪狀了。

這是算命說對了陳教授去年所發生的一件終身大事故。至于陳教授所要問的今年所發生的何事，那就說來更奇妙，鬼谷居主人周先生說完去年陳教授應與妻妾宣告仳離之後，接着就去看他今年的流年問題，看了許久，又皺着眉在沉思，似乎碰到了什麽疑難的問題。

突然，他有所悟地說：「陳先生，你今年所發生的事故，倒使我有些難說了，依今年你的流年說，你於中秋節前，顯有『無妻得子』的現象，但你去年既與妻妾宣告分離兩年中又無桃花運，則此子難道是你的私生子嗎？」

周先生又細想了一下，突然問道：「陳先生，你的元配夫人是肖蛇的嗎？」

「是，」陳教授答。

「那末，我明白了。」算命的說：「你去年法律上和你的元配離婚，而事實上又言歸於好，而且這個孩子就是她養的，對嗎？」

周先生盯住陳教授等待答覆。

「這眞是太奇妙了！」陳教授笑着說：「你們算命的算法比世界上的任何數學家都高明得多了！」

原來去年陳教授和韓小姐在北京地方法院調解無效，宣告離婚之後，良心發現，覺得太對鄉下的髮妻不住，過去已是停妻再娶，現在又無辜把她離婚，所以不久就回去鄉下一次，而破鏡竟重圓了。

鬼谷居命舘主人周先生最後又斷定陳教授雖然是一個博士，但不是富貴場中人物，只是文化界中的翹楚。此時江千里在旁，看見算命的那樣大胆斷他今年「無妻得子」，又斷陳教授去年和元配夫人是「明離暗合」；而最後陳教授却又那樣驚嘆佩服算命的高明，心中當然也和陳教授一樣五體投地了！於是他就接着報出自己的八字。因爲他當時只二十三歲，就對算命的說，自己現在還在求學，過去沒有什麽大事故，只要問問將來的前途如何。

算命先生給他看看八字之後，便笑說：「你自己雖然說過沒有什麽大事故，而我偏要先說過去的大事故；你十歲那年不是大病一場幾乎死丟的嗎？十八歲那年不是遇過一次有驚無險的災禍嗎？」

江千里起先已把這兩事忘了一乾二凈，但被他這一提，却猛然記起來了。

「是的，我十歲那年患腸熱病，聽說都是死過去了後來又救回來的。」江千里又記起前年的往事，「十八歲那年冬天我在天津，有天夜裏隨表舅去看戲，散場後在歸家路上，碰着强盜與警察激戰，我隨着表舅伏在路上不動，但有一個子彈打穿我的帽子，而表舅的左膊上還被子彈擦傷的。」

「現在讓我再說一件你今年的一件大事，你前兩月有近親的喪服嗎？」

「有，是我的三叔肺病去世了！」江千里說：「這些事命裏也可以看出來的嗎？」

「就在一般說，以五行中的刑尅看喪服；但於你今年的流年看却與衆有所不同：依我的看法，你是『出繼』的命，而今年又是尅父之年，所以你這位去世的叔父，應是你出祀的父親，」算命的周先生又說：「爲什麽你家裏沒有告訴你？你身上爲什麽也沒有喪服的表示？」

江千里被他這一問，不特大爲驚奇，而且不好意思，因爲他不曾爲他的繼父帶孝。

原來江千里這位三叔父只大江千里十二歲，沒有結過婚，平日和他很要好，好像兄弟。今年夏天病重的時候，這位三叔要求江千里父親把江千里過繼給他做兒子，他的父親當時已答應了，也已告知江千里了。

至于前兩月他的三叔父去世時，家裏來信也確曾囑他要替他過繼的叔父帶孝，而江千里只帶一個月的孝服，以後就不再帶，現在竟然被算命的看出來了。

本來江千里準備清華大學理學系畢業之後到美國留學的，自己以及戚友都認爲前程無限的，但是，那天鬼谷居算命却說他的前途並不遠大。

使他不肯相信的，是說他十年之內沒有出國的可能，留學之事當然無望，但他對赴美留學却早已準備就緒，明年淸華一畢業就要出國的。他質問是何理由不能出國？算命的說：第一、十年之內沒有出國遠行的驛馬；第二、明年恐有病災或官非，諸事不如意，那能出國留學之理。因此算命說他一生只是一個淸閑的文化人而已，而所好的則是妻賢子貴，安康長壽。

儘管算命的是這樣說，而江千里仍不信明年不能出國，依舊向各有關方面進行。但自算命那天起，過了一百零五天，由於同學汪小姐的哥哥汪爲仁如期出獄，而且也奇妙的因禍反得福，使他不能不對自己的命運有戒心了。汪爲仁在南京被警備司令部拘去，原是與政治有關的，那時南京還在北洋軍閥手中，也就是當時五省聯軍總司令部的所在地。

汪家在北京查得總司令部的軍法處郝處長的小姐，在燕京大學讀書，就托人求她向她父親說人情，要把汪爲仁從輕發落，早日恢復自由，汪小姐爲着營救哥哥，就去拜訪郝小姐。

兩人一在燕京一在清華都是攻讀文學，傾談之下，相見恨晚。汪小姐就把哥哥和自己合拍的相片送給郝小姐，要她寫信給她父親時能有印象，多說一些有交情的話。這位郝小姐是一個誠懇過度的忠厚女子，除寫信給父親外，索性也將相片寄去，希望他父親先有好印象，就在相片背面註了幾個字。

她原想註的說：「兒與他的胞妹極有交情……」

但匆忙中下筆時竟漏去「的胞妹」三字，變爲「兒與他極有交情」等字。這一下，就造成了汪爲仁因禍得福的後果。

本來和汪爲仁同案的有五個人，總司令原擬是「從重處決」四字，郝處長擬交軍法官審理，軍閥時代的軍法處，原是草菅人命的，軍法處長通常依軍法官所擬定核准的，汪爲仁五人原已由軍法官擬定「予以槍決」的字樣，好在前兩天郝小姐的信趕到，郝處長只看見相片背後的「兒與他極有交情」等字，便心有所悟，親把汪爲仁等五人提案自加訊問之後，果然看見汪爲仁儀表不凡，就免他一死了。

郝處長爲了要營救汪爲仁，便對總司令孫傳芳說明二事：第一、汪爲仁是他的女兒男朋友，是一個好人才；第二、要把他留下，將來對南方革命黨人或有重大作用。於是孫傳芳就說：「既然如此，就叫他在司令部裏做事吧！」

因爲當時總司令時常出巡各省，所以自汪爲仁被捕，到郝處長得到孫總司令的面示，不覺已在警備司令部關了一百零五天，第二天才由郝處長當面釋放，並告以今後要在總司令部任職：這一來，不特汪爲仁的職位反比從前高陞了，不久由于郝處長對他有賞識，步步高陞，而一面又由於汪小姐向郝小姐從中的撮合，一年之後，郝小姐大學畢業，竟然在南京和汪爲仁宣告結婚了。因禍得福，人間果有此事！

當汪爲仁恢復自由又調去總司令部任職的消息傳到北京時，許多認識汪爲仁的人都一面對鬼谷居算命的靈驗稱奇；一面對汪爲仁的因禍得福欣慰。惟有江千里面對這事實，深深感到憂慮；因爲如果算命的話都能如此應驗的話，他自己今年暑假畢業就不能出國留學了。當然，江千里心中雖然有此疙瘩，他仍希望算命的能例外地把自己的今年流年算錯的。他在畢業考試之前兩星期，也還不曾有何事故發生。

然而事實却突然來得奇怪，當他在抄繕畢業論文的時候，在圖書館裏正寫得太疲倦了，他舉起雙手伸一下腰，突然覺得胸口不大適意，隨即咳嗽幾聲，有痰上湧。圖書館裏沒有痰盂，他含着一口痰想跑去館外草地邊陰溝裏去吐；但因氣喘痰急，還未跑出館門，就嘔出來了。一看，不是痰，而是鮮紅的血！於是他病倒了。經過醫生檢查，是胃出血，最少需要三個月的絕對靜養，只好請求學校准他畢業論文俟後呈繳了。出國留學之事，也就這樣停頓下來了。

江千里一病倒了，就想到前幾個月鬼谷居算命的話未免太靈驗了。說他今年有病災或官非，諸事不如意，不能出國留學；又說他十年之內沒有遠行的驛馬，不能出國；現在無緣無故生起病來，近在眼前的事已經被證實了，留學之事想是不能如願了。就從這時候起，他在養病中開始托人搜購各樣命書，用他讀數理化的精神研究命理，當然比一般人特別有心得了。這是江千里學習算命的奇妙經過。

江千里研究命理的方法雖然比一般人有腦筋有科學，而開始於先熟讀命書，再以熟人的八字試看，這也不能例外。於是他當然先以自己、陳教授和汪爲仁三人的八字爲對照，看看鬼谷居算命所說的是否和命書完全符合，也是否和自己的看法完全相同。最初他發現陳教授的八字有疑問；因爲依他的看法，陳教授和妻妾離異的那年，不是因刑尅把妻妾冲離了，而是妻妾被人「合去」，也就是妻妾與人私通的意思。然而，事實上並不如此，使他不無存疑之處。後來他就再把家人及戚友的八字作爲試驗資料。其中他自己在姑母八字上有個奇異的發現。

姑母長他三十歲，關于姑母婚姻的事他當然一無所知，平日只知道姑丈大姑母十二歲，兩夫妻感情彌篤。但此次却在姑母八字上看出她的秘密來。

他不特看出姑母是一個「再嫁」的婦人，而且是一個「不貞」的女子，當他面對姑母八字作此看法時，不寒而慄，他怕了。他一怕的是姑母原是如此命運的女人；二怕的是自己到底是看準了呢還是看錯了呢？如果看準了那就太可喜了；但如果看錯了，那就太可怕了！

於是他不能不想盡方法去打聽姑母婚姻的經過情形。果然他從各方面得到的消息，證實了他的看法不錯，姑母確是因與這位姑丈通姦，然後因與前夫鬧翻離婚，再嫁給這位姑丈的。這一事實的證實，江千里大爲歡喜，自覺得意，本來他自開始研究命理，就非正式拜鬼谷居命館主人周先生爲師的，有天他因事實證明了他對姑母的看法，就想起陳教授的命理問題，於是就向周先生質疑說：「依我的看法陳教授前兩年和妻妾離異的命理原因，乃妻妾『被合』；但事實上陳教授的妻妾並無不貞，這是我看錯了呢，還是『被合』的命理錯了呢？」

鬼谷居算命的被他這一問，就輕笑地說道：「你不曉得嗎？去年陳先生個人又來看過我；我也曾把他命中註定的不幸告訴了他，也勸慰他。當時我因爲你在面前，同時他是一個博士，所以我只好說他因五行冲尅，其實他的第二太太韓小姐因爲已有了男友，所以借題發揮，一定要脫離他；至于我所謂他的『無妻得子』，那孩子也不是他自己的親骨肉，是鄉下太太被他離婚一氣，和別人暗中發生關係成胎的；所以我只好說是『無妻得子』了！」

## 六　國父有異相有驚却無險

民國十一年有個日本人名叫渡邊文彥的來到廣州。此君原係日本早稻田大學出身，後來爲了對中國相術有興趣，曾來中國故都北平、上海、杭州和蘇州四個名區遊歷。有三種目的：一種是要在這四個文化名城，搜集關于中國相學書籍的善本；二種是要遍訪這四個地方有名的看相先生；三種則是要找機會來接近中國大富貴和大名氣的人物；而其總目的則是研究相術。據說：他來過中國之後又到印度去，當然其目的也和來中國一樣，要研究和中國有所不同的印度相術。

在印度時候，他知道孫中山先生在廣州，而當時中國南方革命也在廣州，爲着要一見中山先生，就由印度特意到廣州來。事先他也曾寫信回日本托人寫信介紹去見中山先生，但因他是一個研究相術的人，而日本人與國父相識的都知道中山先生是不談命相的人，就得不到介紹函。最後有個朋友給他寫一封介紹信給陳羣，因爲陳也是日本早稻田大學出身的，而當時正在國父身邊担任秘書職務的。

可是，陳羣也是不理會命相這一套，只介紹他去廣州幾家舊書店替他搜集相書，不肯給他介紹給中山先生。陳羣對他說，中山先生是能夠爲我們中國民族國家造命的，若把他介紹給中山先生，就會被大罵一陣的。

渡邊此人很有修養，倘換別人，一定要和陳羣談談相，顯顯自己本領的；而他却不這樣做；他就改變方向，只和陳羣談談早稻田大學的情形，以及中國線裝古書的版本問題。

陳羣此人本是重視友情的人，這一談，渡邊原來曾和陳羣同學半年，即渡邊畢業之年陳羣才考進早稻田大學；其次，渡邊所談的中國古書版本問題，比陳羣內行得多。後來陳羣在上海、南京藏書的興趣，可說是從那時被渡邊所引起的。因此陳羣就招待渡邊在廣州小住，要他多玩玩廣州，也多認識幾個革命人物。

渡邊此人好奇怪，他天天早上到總統府門前去等待中山先生上辦公廳。有一天，他碰到好機會，拿了名片跑到中山先生面前大鞠其九十度的矮躬。

中山先生一看見他的樣子，不待接過名片，就用日本話問：「你是日本人嗎？」

「是，我三生有幸，今天能在這裏見到大總統！」

於是中山先生就招待他去總統府的大客廳中，和他作大約十分鐘的禮貌上的談話。過了幾天，陳羣去看渡邊。這時候他們兩人，已是很相熟的了，彼此不時也說說笑話。

一進門，渡邊說：「陳先生，你曾經春風一度嗎？」

「我一年到頭都是春風滿面的，」陳羣補充地說：「中山先生曾說我的臉，是不知世故。」

渡邊微笑地解釋說：「我不是說你春風滿面，而是說你剛才春風一度。」

「春風一度？」陳羣驚奇地說：「我來時剛照過鏡子的，我的眼睛也沒有黑圈圈，你怎麽可以看出來？」

「我不特可把你看不出的黑圈圈看出來，我還可以看出來你的黑圈圈有兩個半；」渡邊解釋說：「人家都只知道你在廣州有一個女人，但我却看出你有兩個半女人。」

「兩個半？」陳羣更驚奇地瞠目相對，無話可說。

「你們中國人不是有句話說『三句話不離本行』嗎？我學看相的，也不能不以看相獻醜了！」渡邊繼續說：「中山先生我前兩天已自告奮勇地自我介紹見到了，現在我要你給我介紹幾個在總統府時常跟隨中山先生的人給我見見面，我可能有個大秘密告訴你們。」

陳羣問他什麽秘密，他不肯說，只說在前一星期他也看見了陳炯明，等他再看幾個中山先生的隨從心腹之後，再談那秘密是什麽事。

第二天渡邊來看陳羣，碰到李文濱。陳就把李介紹給渡邊，說李也是在中山先生身邊做事的人。渡邊說：不用你說，已經看得出是孫中山先生身邊供奔走的。

李文濱雖然那天和渡邊是初見，但已知道渡邊此人是爲着研究看相特意來廣州的。他對命相之事比較有興趣，就對渡邊說：「請你先爲我看看怎麽樣。」

「你？」渡邊說：「遠的不必說，上月你該命得長子。」

一點也不錯，李文濱太太上月在廣州生長男。這一下陳羣和李文濱都驚奇了，因爲李文濱生長子還差幾天才滿月，外間很少人知道的。於是李就問：「以後怎麽樣？」

「以後嗎？」渡邊說：「遠也不必說，近在兩個月之內，中山先生和你們兩人，都要離開廣州的。」

「到那裏去？」

「向北行？」那時中山先生曾想到韶關去看一看的，此事陳李兩人都知道，於是李文濱說：「陳先生可能跟中山先生一道去，而我是絕對不會跟先生去的。」

因爲李當時是派在庶務課裏做事，專在廣州跑走，不會跟中山先生出門的。

渡邊文彥看見李文濱這樣說法，就解釋說：「我的意思不是說你們要隨中山先生出門，而是說你們三個人要離開廣州，爲的是驛馬動，有災難！」

「有災難？我不信！」

李文濱說：「我們有災難，不敢說，先生（指國父）絕對不會有災難的。」接着他就問：「你從什麼地方看出他有災難？」

渡邊說：「我那天在總統府大客廳裏見過他，當然從他面上看出來的。」

李文濱不相信地說：「你看得淸楚嗎？先生以前的事你也看過了沒有？」

渡邊說：「大的事如幾時當大總統，當大元帥之類，已經看過了，小的事當然沒有注意到；但這次災難驛馬大動，却看得淸淸楚楚的。」

李文濱想了一下，就說：「一個人得子算得大事嗎？」

「算得。」渡邊答。「那末，你注意到先生幾多歲得子嗎？」

**李文濱**想在中山先生身上，找一件他自己明白而外人不大清楚的事，試試看渡邊到底是否對中山先生的相看得準，於是他就問：「你看過先生到底幾歲得子？」

渡邊微笑地說：「我雖然還不知道中山先生今年是五十幾歲，但我那天却看出他生長子那年應是二十九歲。」

渡邊又說：「還有一事我還要請教你們兩位，我那天何以在那短促的談話中就會注意到這事呢？是因爲他廿九歲那年，還有一件比生長子更重要的事，所以我把它特別注意到了，現在我還要請教你們兩位，中山先生二十九歲那年到底還有什麼大好事情發生沒有？」

這一下，陳羣和李文濱兩人却不特被渡邊說呆了，也被問倒了。他們兩人原也不注意中山先生是幾歲生孫科的，剛好上月李文濱生長子時，總統府中有人知道中山先生是二十九歲生孫科，而李文濱也剛好是二十九歲，才說笑話的論到李文濱對中山先生的忠實，連生孩子都要學中山先生，他們從那天起才知道中山先生得子是廿九歲的。這事被渡邊說準了固然足怪；而渡邊所問的中山先生二十九歲那年另一大好的事，陳李兩人却一時答不出來了。

起先他們兩人說沒有什麽大事；但渡邊却堅認那年必有大好的事發生；於是他們兩人逼不得已就去尋找有關於國民黨和中山先生的傳記的文件看看了。這一看，却對渡邊的相術佩服得五體投地了；原來國民黨前身的興中會就是那年組成的。

這一下，渡邊既把中山先生的生子和組成興中會的事說對了，陳羣和李文濱兩人就不能不對渡邊再以另眼相看了。於是他倆就追問渡邊，中山先生此次的災難到底是什麽災難、危險等等，渡邊說：中山先生面上的印堂（即鼻上兩眉之間的方寸地方）特別寬廣，而鼻又端正有力，目光中滿有慈祥之氣，這三者能夠配合，實是異相，此相主一生「有驚無險」，一切化凶爲吉，吉人天相！

但渡邊又繼續說：「中山先生此次的事故，當係一生當中最大的危險，雖然有驚無險，而這驚却非同小可。再者，此次災難雖然對他生命及身體都無傷害，而對於中山先生的政治前途却有大惡果。」

此時渡邊口裏雖然沒有說出，而看他那說話的神情，好像說中山先生的政治壽命，大有從此休矣的樣子，陳李兩人似乎也不願渡邊再說下去。

**於是陳羣就問：「你說前幾天看過陳烱明，到底與中山先生有什麽關係沒有？」**

「是的，與他大有關係；」渡邊說：「飛到廣州來，就是要看看中山先生和陳炯明將軍兩人，因爲他倆是一文一武的領袖，但我看了他倆的相之後，不覺大驚，原來他們倆人的相貌是衝突不和諧的；而陳且有反骨，對中山先生的相大有不利，此次災難大概出於陳將軍。」

「你看陳炯明的相如何？他沒有災難嗎？」李文濱說：「他不會離開廣州嗎？」

「是的，他的氣色並沒有衰敗之象，而且驛馬不動；而中山先生和你們兩位，都有衰敗的氣色而且驛馬已動；所以我看就要在這六十天之內，大事情免不了就要發生的，請你們多多注意！」

這事之後，陳李兩人都諱莫如深地悶在肚子裏，不特不會對別人說，連兩人自己也不再提；因爲一則，他倆不願意把這些屬於不革命之事說出去，影響同志的心理；二則這畢究是半信半疑之事，就是可信，也無法改變的，說它做甚？但從那天起，因爲渡邊決定要在一月以內，離開廣州到香港回日本去，說是他堅信廣州將必有事，而你們還要逃難，他當然需要先期走避了。陳李二人因見渡邊有如此自信，在那最後一月渡邊留穗的期中，他們都向渡邊詢問許多關于他們兩人自己前途之事，而那些事，後來也都奇妙地成爲事實。

一天一天地平安過去了，一個月的日子也溜走了。渡邊離開廣州到香港去那天，陳李兩人都去送行，陳羣在廣九火車站裡，陳羣還打趣地對渡邊說：「我相信你下月今天會再來廣州的；因爲那是我們要請你來乾杯，慶祝我們的只有驚而無險！」

「是的，」李文濱接着說：「你看多平平安安地過了三十天，一點可疑的地方都沒有。」

「是的，我也和你們一樣，但願如此；」渡邊說：「我會在香港逗留一二個月，看看我這回所看到的和所說的對不對；如果不對，我願意請來你們乾杯，也需要看看你們的氣色到底是什麽一回事。」

陳羣又打趣說：「我想，到那時我們的氣色和今天是一樣的，我還是希望你不必去香港，就留在這裡等着我們看我們氣色的變化，豈不更好！」

渡邊走後，陳羣依舊以遊戲人間的姿態，每天以玩女人第一。有一天李文濱勸告他說，無論渡邊的話靈不靈，他既把過去許多的事都說對了，我們也小心一下。廣州的女人總不會死光，等一個月過了再玩都不行嗎？陳羣回答說，渡邊說過了「有驚無險」，我們幹革命的但求「有驚無險」，如果連驚都沒有，就根本不成爲革了。既然「無險」，那還有怕什麽嗎？陳羣這玩世的理論，確然也可成立的。

事情却來得奇怪，過了不多天，大約距渡邊所說只五十天樣子，陳烱明的叛變果然爆發了。等到中山先生安全地退走永豐艦上時，陳羣還不知在那兩個半的女人的那一家，中山先生有事要陳羣去辦，就在艦上寫了一紙便條交李文濱上岸去找陳羣。那時候永豐艦已經開砲了，李文濱奉命惟謹地冒着砲火上岸去找陳羣。（有一次蔣統總在廬山對受訓的人員訓話時，他曾爲此次的事稱讚李文濱是一個好榜樣）。

好容易李文濱在那個半的女人家中找到了陳羣，他們兩人原是生死之交的好朋友，李文濱雖然只少陳羣兩歲，由於陳的品貌、學問、才具都比李好得多，所以平日李視陳爲長兄一樣敬畏他。

但此次李却生怒了，他大罵陳羣，說：「先生都已退到艦上了，而你還不知去向；大砲聲音把全廣州的人都驚醒了，而你還在女人肚子上面；我問你，你到底革的是什麽命？先生若問我在何處找到你，你要我怎來答覆？」

你想，陳羣被李文濱這樣臭罵了一陣該當怎樣？他竟然嬉皮笑臉地解釋說：「渡邊不是說過了嗎，先生有異相，一定有驚無險，我相信他這話。」

他又說：「而且，陳炯明要叛變，先生也早已知情，渡邊也早已告訴了我們，我們革命黨，對此司空見慣，何必大驚小怪呢！」

之後，中山先生就離開廣州退到上海去了。陳羣、李文濱也同時隨到了上海，他們住在上海當時的法租界裡。

不久，陳羣就寫信給香港的渡邊，除讚嘆他的相術高明之外，還請問他關于中山先生今後的情形如何。渡邊來信大意說，中山先生今後不再有險，也不再有驚。

他又說，依他就相上看，輝煌的事蹟已經過去了，壽命止于六十歲。上海有很高明的星相家，你們也可以請他們看一看，如果他的話相同的話，那就對他所說的話不要再懷疑。他信中特別對陳李二人提出如此警告說：「你們兩位今後的情形，雖然不必以吾言爲信，但希望你們不要太主觀、太固執不相信命相之事，這也是你們中國古代遺傳下來的一種學術，如果你去請教你所相信的命相先生，說的情形也和我一樣的話，那末，我在廣州時和你們所說的就恐怕都會成爲事實的。

李文濱回到上海之後，由于在廣州時渡邊所說的陳炯明叛變，以及中山先生有驚無之事完全應驗了，之後就漸漸相信命運之事了。他是對中山先生有高度忠實的同志，他很想找人和中山算算命看看相，但兩件事都不容易辦到；因爲算命要用八字，而他從孫夫人處只查到孫中山的生日，是何時生連夫人也不知道，中山自己恐怕也不知。

要看相，無法使看相先生能夠細看中山先生的相，於是有一天他就拿了中山先生一張八寸的相片給看相先生看，別的都不問，只問壽命如何？六十歲那年是否有難渡的關口？

奇怪的，這位看相先生竟然從照片上看出中山先生確然壽命止于六十歲。因爲這是看形象，看部位的，不需要看氣色，所以如有正面和側面的比較大張的相片，也可以看的。看相的說國父之所以不能長壽，就相上說，主要的有兩種缺點：第一點是上停和中停太好，而下停太薄；第二點是六十一歲的部位是下唇下面叫做「承漿」的太淺，所以壽命就不能超過六十歲了。

爲着要看準中山先生的壽命問題，當時上海諸人以陳羣李文濱爲中心的有六個人，都就中山先生的命相上費了許多精神。看相的在相片上雖然說的和渡邊在廣州時所看一樣，要壽終于六十歲。但依我們中國人的命相知識言，要能命與相一致才算準確，否則常有出入的。于是他們雖然對相上看已無疑義了，現在要看是否也一樣問題。如果就八字上也一樣的話，那就毫無疑問了。

他們不敢自己去問孫先生，而從夫人處得來的生日又缺時辰，而且也似乎靠不住，因爲把夫人說的八字拿去請算命的去排，排出絕不像是國父的八字。後來把當時所查得的三個日子都交給幾位算命的研究查排，才算排準了。

現先把前幾年有人寫過一篇，題爲「中山先生的秘密」的文字，裡面所記載，關於生日的抄錄於下：『今日人人皆皆知，公曆十一月十二日爲中山先生誕辰，其實他是陰曆十月十六日出生，按當年陽曆推算，應爲十一月廿二日。何以國民政府當局定十一月十二日爲中山先生誕辰，來歷頗有趣。

『先生向來罕談私事，譬如說，嫁女之日，照常工作，迨下午三時，向同志說：「我有點事出去。」臨行，方才說道：「因爲女兒結婚。」其不事鋪張，往往如此；自己的生日，更不注意。民國十一年，陳炯明叛變，先生離粵，到上海，寓利哀路，十一月十一日，胡漢民和幾位同志，到寓所見先生，會商要事。會後，先生因事進書室去了，大家剛要離開，孫夫人出來打個招呼，便說：「明天請你們吃午飯，先生有要事同你們商量。」第二天，胡等依約前往，看見有人抬着酒席進來，覺得稀奇。因爲，平時他們到先生家裡吃飯，從來沒有向外面叫酒席的。正在納罕，孫夫人開口說：「今天是先生生日。」

「大家起立道喜，他說：「我從來不注意這些，只是夫人關心，不便固辭。」

「從此，胡漢民記得十一月十二日是中山先生生日，他沒有記陰曆的日子，後來黨人遂定是日爲總理誕辰了。」

當時是把陽曆十一月十二日，陰曆十月初六日和十月十六日三個日子去排，若是像國父大貴的命，而又應于六十歲壽終的話，應是十月十六日的才對。而國父逝世的果是六十歲之年。

## 七　易地而居可把災難減輕

友人宓無爲在南京考試院任職多年，由於當時考試院長戴季陶是信佛，因而他跟着也信佛。考試院建在南京的雞鳴山山脚，山上多寺廟，可俯覽南京玄武湖全景，風景怡人，考試院中人每於假日大都上山遊憩的，宓無爲當不例外，山上有著名的雞鳴寺，遊客最多。

有一天，他正和友人奚樂山在雞鳴寺樓頭品茗賞景之際，忽對面桌子上有個遊客跑過來對他說：「先生，恕我冒昧打擾你，請問貴姓？」

「敝姓宓。」

於是那人說：「鄙人姓陶，請問宓先生，你相信命運之事嗎？」

「命運之事我是相信的，陶先生莫不是有什麽指教嗎？」

宓無爲好像看出了對方是個業餘的看相先生；因爲那人並非江湖術士，而剛才曾注視自己的面孔好幾次，然後才跑過來說，他再禮貌地說：「陶先生對於相學很有研究嗎？你看出了我有什麽嗎？」

「請問宓先生，你這鼻樑上的紅顏色，你自己發覺了沒有？大約發覺有幾天了？」

「是的，這赤色大約有五六天了，我也沒有飲酒，不知什麽毛病。」

宓無爲就問：「這是好的氣色，還是不好的氣色？」

姓陶的就說：「依相理看，這氣色是表現有災禍，大約不出三星期，你將有牢獄之災；但不知你現在幹着何事，最好小心，躲在家裡兩三星期。」

「災禍？大約是什麽災禍，可以看得出來嗎？」宓無爲遲疑地說：「生病或是家人出了什麽事，我就不敢擔保；若是說我本身將有災禍，我有些不相信；因爲我是一個唸佛的人，與世無爭，平日也十分謹愼爲人，諒不至有什麽災禍會發生在我身上的。」

陶君說：「既然你自己也發現了這塊赤色，那就不是我胡說了。」

他想了一下就肯定地：「依我看來，在三星期之內，不是身上要受傷出血，就是有牢獄之難，你如不相信，無妨再請別人看看是否和我所說的一樣。」

於是他們分別之時，彼此交換了名片，預備他日再晤面，看看今天所看相的所說的話和事實是否相符。

第二天，宓無爲就到夫子廟去算命。他想如果算命的也算出在這期間有災禍的話，那就不能不相信了。奇怪的，算命的果然所說的和看相的一樣，說他身體非傷就要被囚，勸他易地爲宜，最好要離開南京，看來情形好像相當嚴重的樣子。

宓無爲看見算命的竟然和看相的說得完全一樣，就不能不重視此事了。昨天看相的陶先生和他說時，他只想請假躲在家裡，而今天算命的却要他易地爲宜那就麻煩多了。

於是他就問：「凡是逃避災難之事，躲在家裡和易地而居有何不同呢？」

算命先生對他解釋說，如果情形不嚴重，躲在家裡原是可以的；但如果情形嚴重，就需要易地而居。

他又問，如果易地而居，是否完全可以避過災禍？算命的解釋說，也看情形是否嚴重和所易的地是否相宜爲决。如果情形嚴重，易地而居也只能把災禍的情形減輕；如果所易之地和本身五行相宜，當亦是有利的條件。

由于算命的口氣好像非易地而居不可，於是宓無爲就决定於最後兩星期請假到南京附近的地方去住一下。

當時因算命的曾說易地而居，也要看所易之地是否和本身五行相宜，就請教算命要易地而居的話，應以何地爲宜？算命的說，就五行而言，要住有水的地方或者地名有水字的；就事實言，要住人跡少到淸靜的地方。

本來他想住到南京近郊的湯山去，因爲湯山常有要人們去休假，並不夠靜；再想到近郊棲霞山，而當地棲霞山常有軍事演習，更是不宜；於是比較便宜的還是鎭江，因爲事實上旣臨水，而地名又是江字；宓無爲就決定去鎭江小住兩星期。

到了鎭江，原打算住江中小島的焦山上的寺廟裡，因爲便於他吃素，也是最淸靜的地方；但那天去時不湊巧，焦山寺廟裡早已住有軍人遊客，他一看見幾個佩有短槍的衛兵，就拍着屁股掉頭就走。

好在鎭江好去處很多，他一想就想到金山，因爲金焦二山原是鎭江的勝地，金山寺且是白蛇傳故事出處的所在，他就住到金山寺去了。

住在金山寺裡平安無事地過了一星期，這一星期過得很快，因爲此處風景旣佳，而佛寺更和宓無爲的居士生活合宜，當然他滿心相信在這裡住了，絕對可保不會有什麽災禍之事發生的。然而事實却奇妙得誰也想不到，第二星期才過兩天，有一天下午突然來了數十名軍警，先把金山寺包圍；其後便搜索全寺，逐個僧房及遊客的客房都檢查過。

宓無爲面對此事，心中莫名其妙浮起；到底是「身上受傷」呢，還是「牢獄之災」呢！搜查金山寺的軍警是江蘇地區的警備司令部和鎮江警察局會合的行動。看那情形是要搜捕某要犯的，一會來到宓無爲的客房了。由一個知客和尚帶路，告訴軍警說：「這位客人一個人來此已住十天了。」

那天剛是星期日，帶隊的值星官身上還佩着紅帶，就向宓無爲盤問：「你到這裡做什麽？」宓無爲答說是由于心境不佳來此旅行養靜，當然他也把考試院的職員證出示，不出示職員證還好，一出示職員證，反使盤查的值星官懷疑，何以在南京的政府職員，一個人因心境欠佳，來到鎮江廟裡住下這許多天呢？這越使他們猜疑起來。他們不相信宓無爲說的話是實情。

起先宓無爲當然吞吞吐吐地不肯把實情說出，最後看情形不好逼得無法，就將算命先生的事以及原想住焦山的事說出了，這一說更增加軍警們的懷疑，他們既不信公務員會這樣相信算命，而更重要引起他們懷疑的，今天他們奉命行事的，就是搜查金山和焦山兩處。根據情報說是就在這兩天之內，京滬路上的某些反動份子，要在這個地方開會的，於是不管三七二十一，先把他和寺裡兩個年青的和尙帶回警備司令部再說。

「牢獄之災」！宓無爲由金山寺走出登上軍警的卡車，心中又可氣又好笑，自己心裡暗想，我今天若在南京的話怎樣呢？今天如果住在焦山的話又怎樣呢？

一會車到了警備司令部門口，剛好又有兩部大卡車滿載隊伍回來，一查之下，知道這是從搜查焦山寺回來的，果然在那裡逮到正在開會的靑年十二人之多，於是他立即把心中一個疑問解答了；如果今天住在焦山，也一樣和他們一道被捕的。「易地爲宜」這易地當作何解呢？

經過了公文的往還，南京方面的證明及具保等等手續，等到宓無爲平安回到南京，計算日子，在鎭江警備司令部裡已過了牢獄之難八天之久了。到了南京，一下火車先去洗澡剪髮，回到家裡時，太太先向他賀喜說：「好在那天在鎭江，如果那天在南京，今天恐怕還不能平安回來的。」

原來那天星期日下午天下小雨，依宓無爲的習慣，必到夫子廟舊書攤去的；而那天下午軍警在那裡與盜匪槍戰，曾擊傷路人四人之多哩！宓無爲聽了，就想起那算命所說的「如果情形嚴重，易地而居也只能把災禍減輕！」

# 八　破財既奇妙發財更荒唐

通常人們都用「財來如潮湧」的說法去形容發財時候的情形，凡是發過財或是眼見過親戚朋友發過財的，就知道這話說得一點也不錯，發財的時候，的的確確財來時和潮水湧來一樣，要擋都擋不住。

我有熟人是上海地皮大王之一的陳君，當他三十多歲窮困的時候，身上時常不名一文。俗語說：「富燒香，貧算命。」

有一天他陪一窮友人去算命；當年算一個流年的命只要四角錢，朋友算好了，就請他也算算一個。

但是，算命有一個不是規矩的規矩，說是別的花錢之事都可以請客，惟有算命不能請客；因爲如果是請客，那就是說「送」他算命的錢，就等於是「送命」了。陳君自然也知道這規矩：自己身上旣一文不名，而心裡又很想算一個命；於是他就對那朋友說，命是不能送的，你只能借我四角錢，過幾天我還你。這樣，他就也報出八字了。

算命的除既說他當時「窮無立錐之地」外，又說他在這幾天之內會有倒霉的事，又要破財。他就說，我既窮無立錐之地，通常身上一文不名，那裡還有破財之理？

算命的解釋說：「福無雙至，禍不單行。」你越窮，越碰到倒霉的事，你雖無財可破，但偏要逼你非破財不可，這就算是禍不單行了。

然而算命的又說他，今年雖然「日求三餐夜一宿」都有問題，但明年正月初一交入立春之後，命中財氣之旺，將是「財來如潮湧！」

他聽了算命的這樣說法，認爲乃江湖之言，不能取信。他想，自己今年既然窮困至此，明年正月就是明明知道發財票會中彩，他也沒兩塊大洋買發財票的本錢；就是有，自己也不肯花此冤枉的錢，則財來如潮湧，將如何說起呢？他表示算命的說得不對。

算命先生聽見他剛才向朋友說明借錢算命，現在又表示不相信依命理所說的話，就笑對陳君說：「今天我可以暫時不收你的算命錢，可以等到你明年財運來時再還給我不遲。」

於是那天算命的果然不肯收他的錢。他看見算命的如此可敬的表現，就對他說，如果自己幾天之內果有破財之事發生，就相信他所算的命不錯；如果明年眞的會發財，願意送還他十倍的潤例。臨行時，算命的還對他說，如果這幾天內發生破財之事而無財破時，無妨來找他商量的。

陳君從命舘裡出來，心中頗有「受寵若驚」的情形；因爲少有看見算命的不肯收錢；旣不收錢，則其所說明年財運來臨之事，將必成事實無疑，最少今天算命先生所說的確有命理根據，並非江湖術士之言。果爾，則自己明年就是一個發財的人了，想來不勝喜自中來。

但是，他對今天算命所說的二事，一是這幾天之內要破財，二是明年立春之後要發財，仍然莫名其妙，到底怎樣無財又可破財，到底怎樣一個窮措大突然變爲有錢人呢？眞是千想萬想也想不出其理由的。

一會兒他和那位朋友分手了。他獨自一個人在馬路邊散步遊蕩。他心上仍携帶的問題還是那兩個。走進上海一個心臟地帶叫做「大世界」的遊樂場地區，他一邊走一邊在欣賞街景，其實那裡並無「街」景可賞，只有「人」羣可覩，換句話說，這地方只是人擠人，人看人而已。

**路中有個乞丐走近他，向他低聲祝福：「先生有大量，發大財，給我一個銅板！」**

當時國內還通用「銅板」——兩毫銀角子可換六十個銅板。他平日最恨這專門跟在人們屁股後面叫「有大量，發大財」的乞丐，有兩個理由：一個理由是和一般相同的，討厭他們死跟在後面，你不給他，他不肯走；你給了他，他走了又換一個新的來。二個理由是，上海租界裡乞丐特別的情形，他們跟你若是你不給他，當他絕望回頭時，他會破口罵你一頓，罵的話會使你只好掩耳而逃，而更可惡的，如果你給了他一個銅板，他回頭就會笑嘻嘻地對他的同伴說：「我的大孩子孝敬我一隻大餅錢。」因此他一則身上並沒有多餘的錢給他們，二則不願做他們的兒子，所以他永不給錢。

那天他當然照樣不給錢。那個乞丐也照樣死跟他。他看看乞丐手裡還有三十幾個銅板。於是當他被跟得不耐煩時，就回頭對乞丐說：「不要跟了，你手中的錢比我身上更多哩！」

「眞的嗎？我不相信你西裝筆挺的人，身上沒有幾毫錢。」乞丐繼續狠狠地說：「給我看看，如果眞的沒有錢，我願意把這些銅板送給你，今天也讓我做一個大濶佬！」自然他只好快步混進人羣中溜走了。

「倒霉，倒霉！」陳君一面向人羣中擠去，一面心裡在想剛剛算命的說過，「在這幾天之內，會有倒霉之事又要破財！」

陳君倒霉地逃避過了乞丐的麻煩，滿心以爲算命所說的倒霉又破財，大概碰到倒霉之事就算了，不會再有破財的。但是事情却是奇怪得很，晚上快要上床就寢時，發現衣袋被剪破，一個皮夾子失丟了。皮夾子裡面好久沒有放過錢，他自己是明白；但是，皮夾子裡面放有幾張當票，也有是從朋友那裡借來典當的手錶和西服的。這一下却把陳君急得跳起來了。

他看看鐘點那時候當店還沒有關門，他就立即搭上電車跑去當店裡去報遺失。還好所當的東西還未被贖去。這是陳君所預料到的；因爲扒手不會就有現欵去贖當，而贖出來也不會多賣多少錢的，所以不會就被贖去。

可是陳君從來沒有遇過這樣事，原來向當店報失也不是很簡單的事，不是報告了就可以，而是需要加利息把舊當票作廢換一張新當票的。

這樣一來，要重發幾張當票非要十塊錢不可，好在這家當舖是陳君的老舖家，他是老主戶，彼此都相熟了，當店掌櫃面的人答應他限定明天十二點鐘中午以前把它保留徵失的權利，過了中午徵失就無效的。無奈何，第二天清早，陳君又去朋友處求借十幾塊錢去換當票。

「破財，破財！」他滿肚子裡帶着怨氣跑東跑西，這便是禍不單行的被迫的破財事實了，這破財實在也太奇妙了！

爲着這些壞事都依算命先生所說的應驗了，那末，算命所說的好事，該也能應驗的了。於是陳君就轉而盼望明年立春之後的「財來如潮湧」的奇蹟了。他想，此次破財之事確是奇妙，被强迫的；但總不至發財之事也有如此的奇妙也有如此的被迫之理嗎？他越想越胡塗，越不敢相信了。

但是，世間奇怪的事常是出人奇想天開之外的。立春之後，他的父親突然靠着一幼年的朋友從外國歸來的關係，被政府任命爲某地區財政特派員，然而，這雖是他父親的發財機會，父親並沒有帶他去，於他又有何關係呢？然而，三個月後，父親叫他用他自己的名字，在上海兩家外國銀行裡開了戶頭。之後，每月銀行裡的存欵數字直線增加，此欵都是從外埠滙來的，雖然他沒有想去截，就想截也無處去截，兩家銀行的存欵多少不特他父親不知道；因爲數字隨時在增加。

「財來如潮湧！」果然成爲事實。這財乃來自他父親的貪汚，豈不荒唐！

## 九 命中有橫財財來不自知

上海有一個股票大王張某，當他未做股票生意時，是在上海招商局輪船公司裡做事的，每月薪水收入有限；但當時上海雖沒有馬票，却有政府發行的航空獎券，想發橫財的人，每年都有若干次的機會。

張君無論手邊如何拮据，每次航空獎劵一定要買，每次買了獎券也都寄以極大的希望。明友譏笑他，人家買發財票都只是有若無的，而你偏如此當一件大事做，眞是太貪心也太愚蠢了。

但他說他之所以如此熱望，並不是貪心，而是他若干年前算命的曾說他「命中有橫財，財來不自知」。所以他非買發財票不可的。

事實上呢，他連買了若干年的航空獎劵，一次也沒中過彩。後來他轉到交易所裡做事，慢慢也買起股票來。有人問他何以招商局好好的事不做，偏要來交易所呢？他說，算命的說他今年要轉業做另一事與橫財有關的事，因爲他堅信算命中有橫財之事。

朋友說，論橫財，像航空獎券中彩才始算橫財，交易所也算正式生意，不能算爲橫財。他就把那張算命先生評批的命紙拿出給朋友看，命紙上批的是：「交入午運，命中有橫財，財來自不知。」惟有買了股票或炒金之類，才可能是財來自不知的情形的。

但是，他做了交易所生意四年了，不特也還沒有發橫財，越做越窮，幾至無以度日了。本來命理上每一運要行五年時間，他守了四年，第五年他認爲這一年既窮到無以度日了，買空賣空的本錢也都沒有了，那有發財的希望呢？於是他又回想到招商局做事。到了招商局，同事們因爲他過去四年曾在交易所混過，就合資附帶做些交易所買空賣空的生意，請他和一個同事鄒君主持其事。

有一天，他在家裡飲醉酒躺在沙發上小睡，鄒君從交易所打電話來問他，有一批生意似是看好，但公司不想做，如他個人想做，就替他買下。因爲張某曾在交易所做過事，所中有熟人，只要他肯買，說一聲就可買定的。

張君在醉夢中裡和鄒君說電話，只是「好，好」兩聲，便把電話放下又睡着了。第二天這股票大漲，交易所裡打電話向他報告時，他莫名其妙，原來他昨天在醉夢裡竟然發了一筆大財。這便是命中所謂「財來自不知」的典型橫財了。

## 十 汪精衛刺攝政王兩不當死

關于汪精衛於民國元年前兩年潛入北京行刺攝政王之事，在民國史稿和國民黨黨史中都是重要的一頁，素爲人們所知道的。惟是關于汪精衛何以於行刺不遂之後，既被捕下獄，而又可得不死，並且於翌年奉旨出獄，這其中內幕，却少人知。此事過去見於文字記載上的秘辛，約有兩說：一說是清朝權貴鑒於汪精衛當時敢有如此大勇舉動，可知中華民族的正氣所在，南方革命黨人的氣勢磅礴絕不可以殺一青年足以抑制，於是欲以釋放汪氏以示清廷的寬洪，緩圖收拾人心。

另一說則謂因攝政王看見汪精衛的相貌，既有瀟洒的風度，又有英俊的面目，更以汪氏在獄中所寫的詩句，感動了他，使他對汪精衛愛才之念，忍不得把他殺掉；於是便和前面的另一說法合在一起，既不殺，就只有把他赦了。

惟其中尚有一個關係於命運的內幕，後來也曾被旗下中人傳出的，在鼎革後的故都常有傳聞，却因關係已過去之事，而又屬命理之言，傳之無據，言之無憑，所以便少人知道了。其實這一個因素，作爲私人間的心理作用看，亦是一個主要內幕。現在姑把昔年在故都所聽聞的說法，關於汪精衛與攝政王兩人的命運皆不當死的事說一說。

清廷權貴沒有一個不相信命運是當然的事。因爲這是貴族們的唯一藉口，說是他們有此貴命，所以世世相承，代代享福。

據說，光緒帝去世，醇親王載灃，在剛攝政時，曾一次微服到北京天橋地方一個瞎子算命的那裡去算命。他既是微服，當然不特瞎子不知道他是皇族中人，連算命館中人也只知道他是一普通的客人罷了。

因爲，過去清宮中也不時叫抬轎的把瞎子算命的接到宮中去的，而攝政王當時認爲雖然瞎子看不見是皇宮，無論如何會知道是一種特別的地方，因而所算的命就可能不大眞確了。所以他要自己化裝到算命館裡去算。

據說那次瞎子算命的，聽見他報出八字之後，大大爲難起來。瞎子先說：「大人，貴造尊貴非常，恕我今天不敢亂言！」

攝政王一聽算命的瞎子一開口就出此言，不勝奇怪，就說：「請你再仔細給我查查看，不要把我看錯了，我是一個白丁，一點功名都沒有的人，現在正想向王府裡謀個小事做的，請你看看此次謀得成功嗎？」

瞎子聽見客人這麽說，心中疙瘩起來了。他問命館中人說：「還有幾個客人？」命館中原有三個人，一個是學生，也是瞎子；一個是掛號連收賬的；另一個則供茶烟招待客人的。

他們就答說：「只有一個客人。」

瞎子就說：「你出去看看外面是不是下雨，何以今天客人這樣少？」

那個管掛號的知道瞎子的意思並不是要看看外面有沒有下雨，而是要他們出去看看外面有何動靜沒有，也就是看看外面有沒有王公大人的轎子或隨從在外面。

於是掛號先生就親自出去看一看，回來就向瞎子報告說：「外面只是陰天，沒有下雨，什麽都沒有。」攝政王坐在那裏，莫名其妙。

於是瞎子點點頭，微笑地說：「先生，請你不要和我開玩笑，我瞎子眼睛也看不見貴相，嘴巴也不會說好話，只就是命理據實說的。你剛才說你是一個白丁，不錯，你是沒有上過考場的；但是，你說現在正向王府謀個小事做，而我却以爲你本是王府中人，剛剛也正是從王府裏來的，雖然外面也看不見有王府的車馬。」

瞎子又決定地說：「依我看，你大人，一定是皇族中人，而且不是太支派。」

攝政王被他這一說，却不能不因驚奇他的高明而對他畧有所佩服了。就客氣而低聲地對瞎子：「你看總算看準了一些，但還不準，我只是邊支又邊支的旗下，每年錢糧也還不夠用。至于你說我剛才從王府裏來，倒也是事實，但我是去托人說項謀事的。」

攝政王的謙話似乎不能再說下去了，於是他就自己打圈地說：「隨便你說吧，你是算命的，你只管照我所報的八字直說下去就好了，不管說好說歹，只要依命理說，我只是聽，不會使你爲難的。」

於是瞎子就開口道：「是，我只能依命說命，若說不太差，請你賞賜我；若說得太不對，也請你寬恕我！依你所給我的八字，可能不是你本人的八字，也可能和當朝攝政王的八字雷同了的，因爲這八字儼然是代行天子極權的八字，何以會有這樣湊巧，那我就莫名其妙了。」

瞎子又堅定地說：「聽我們同道的說，宣統帝的八字大家還都知道，而攝政王的八字大家却還不知道；但今天你所報的八字，顯然像攝政王的八字，我敢大胆說，這是攝政王的八字。」

攝政王坐在瞎子對面，瞎子雖然看不見他的表情，而却也不能不因瞎子胆敢如此斷定而微笑地說：「隨你就當做攝政王的八字看也好，他以後的大運如何？他可以輔佐皇上到幾時？古人有句說話，『君子問禍不問福』，他貴爲攝政王，當然不必再替他論福了，請問其他的事如何？」

瞎子說：「當然，福是不必說的；但若論禍，大的災難也不會有。」

他停了一會，把指頭屈屈兩下，就說：「今歲是戊申年，明歲是己酉，後歲是庚戌即宣統二年，他將因有人暗算他而受了虛驚的。不過，命不該死，暗算儘管暗算，逢凶化吉，可保無虞。」

「眞的嗎？有人暗算他嗎？」攝政王再問：「那末受了虛驚就沒事了嗎？他還可有若干年輔佐皇上呢？」

「是的，命不該死就不能死，」瞎子又說：「醇親王的攝政時間也不會太長，依我看，大概辛亥之歲過後，他就應當告退了的；否則，恐怕還有災禍。」

因爲攝政王開始攝政時有過這一段的故事，所以當宣統二年汪精衛潛入北京行刺攝政王不遂被捕時，攝政王記起前年瞎子算命會說過的此乃命中註定之事，因有此心理作用，就不太仇恨汪氏了。

據說當時攝政王因聽人報告說，刺客乃一個二十多歲的白臉書生，更爲奇異；及至自己見過汪氏，果然不愧是個美男子，因爲攝政王自己也懂一點相術，認爲汪氏乃一不凡人物，前程無量，所以就不殺他了。

又有一說當時攝政親王曾叫一個親信又善於看相姓闞的，去看汪氏；回報說，汪某今年才二十八歲，相格清奇，交入鼻運（四十一歲）之後，當在南方稱王；此時命不當死，不可殺，不如於此時施以恩惠釋放他，後日或有用處。

這些傳說固然不必可靠，但依普通情形看，一個革命黨人行刺攝政王，安有不死之理！就當時情形言，誰也都認爲汪氏十死也無一生的，而汪氏自己在獄中吟詩，也有過「引刀成一快，不負少年頭」的名句，而其能幸而不死，而且很快就在第二年竟然奉旨出獄了。以汪精衛當時的聰明勇敢，竟然謀刺不成；又以滿清的惡腐專橫，竟然刺客可以不死；這奇蹟若不用命運來解釋是說不通的。

至於汪氏於民國十四年四十三歲，在廣州任國民政府第一任主席，也應闞某看相之言了。

## 十一　問禍不問福惡運宜謹慎

國父中山先生奉安那年，不特國民政府派了一批奉安人員到故都去奉迎靈柩，北方各省政府和社團也派出人員到北平去參加這空前的盛典，將近奉安那幾天，故都熱鬧非常。依當時新聞記者的觀察和調查，市上最繁榮有五種生意：第一種是食店；第二種是旅館，（因爲故都住宅多寬敞，可留客，所以旅館不如食店）；第三種是京戲；第四種是算命看相，而土產生意反列爲第五種了。於是亦可看出命相之事在故都是何等於人有吸引作用的行業了。

有一天，樂天閣相館來了兩個中年人，自稱是山西人，同胞兄弟，姓卜，剛好樂天閣主人姓樂的是山西人，彼此就認起同鄉來了。因爲同鄉關係，這兩位卜先生說話就不用轉彎抹角了。

他們首先說，他們兩兄弟是同胞兄弟，老大今年剛剛五十歲，老二是四十九歲，至今還沒有分爨過，因爲手足之情頗好，但有一事他們要問，兩兄弟既自幼住在一起，沒有分居，生活也差不多一樣，何以兩人的命運顯然有不同，而且有的地方相差很大，這是什麼道理？

欒天閣主人就把他倆的面貌和體型粗畧地看了一下，就說：「你們兩人最重要的相同點只有兩個：一個是祖宗和父母的積德相同，所以二十四五歲以前可以說差不多是相同了；但二十四五歲以後就不相同了，第二個是性情兩人完全相同，所以你們兩兄弟人口那麽多還能和睦同居。」

看相的欒先生又看了他們兩人的面相，繼續說：「依你們說，至今還是同居沒有分爨過；但依我從相上看，你們在二十四五歲時，應會有兩年時間的分爨或分離，而且在此時間，老大是平安無事，而老二却有很大的變化。」

接着他就問他們當時是否有此情形。

「是的，我們當時確然有些變化的，」老大接着就問道：「欒先生你能看得出到底發生過什麽事情嗎？」

「看得出的，你們是父先亡母後故，那年你們應是父親棄世。」欒先生又說：「不久，你們曾經分居或分離；第二年，老二先生又喪妻且尅子，可能又破財。直到二十六歲的舊曆年關，你們又復聚首住在一起以迄如今的。」

這事情果然完全說對了。於是老大卜先生就把家中當時有一段有趣的故事，和老二所發生的事情說出來了。

原來卜先生的父親，是滿淸時代舉人出身，也曾當過山西安澤和河南魯山兩縣知縣的。從前有句老話，「窮官勝富戶」，當然家中有多少財產的。舊時代的讀書人也大都懂得五行之學，算命之事，他也把兩個兒子的命運算過了。

大概他看出了老二的命有什麽問題，生前就對他兩兄弟說，非到老二五十歲以後不許分爨，不特把此話寫在遺囑上，連將來到了分居時，家財如何的分法，也都記在遺囑裏。而且奇怪的，本來依兄弟分家的俗例，長子長孫應多一份的，而父親的遺囑却偏偏多給老二。

他老人家又怕老大不開心，生前曾背後屢對老大說：「老二的命運不如你好，你要多多看顧他，切不可因爲財產問題有傷手足之情。」

老大當然遵守父親的遺囑的，但當老大二十五歲老二二十四歲那年春天，父親去世**之後，老二因爲他的岳家在天津，打算把妻兒搬到天津去住，也想在天津做些生意。大**

概也因爲老二知道父親的遺囑是多給他家財的，所以就要求把動產先分給他，讓他帶去天津做本錢。

至於不動產，大都是田租和房屋，每年收益多少，他打算每年年關回來一次，只要老大除家用之外能給他一半也就可以了。

這樣，他們認爲這也算遵守父親的遺囑不曾分爨，只是爲了老二離家便利的起見，先給他一部份的現欵就是了。

事情很奇怪，老二搬家到天津不久，他的女人就因宮外孕，開刀後轉爲腹膜災去世了；第二年，五歲的兒子也因小兒痲痺症死了，在天津所做的生意，原是需要隨時留意才能和人家在市場上競爭的，老二在頭尾不過一年半中，遭遇失妻失子的打擊，所經營的生意自然也隨之失敗了。帶去的現欵不到兩年就蝕的蝕，用的用，全部也被耗盡了。

說也奇怪，老二走了之後，老大也把那份歸于自己項下的現欵拜托一個親戚合營羊皮和藥材出口生意；老大原是經營糧食生意的，爲什麽又把現欵交別人去做別種生意呢？這也是他父親生前的遺囑，這位親戚是老大表兄，他父親生前曾對老大說，這位年長老大五歲的表兄三十六歲時會有發財的運氣，叫老大到了那時可以和他一起做生意。

於是他就在合股之時，和表兄事先依他父親遺意說明一件事。

老大到底和他表兄說的什麽事呢？他對老二把現欵分去一半到天津做生意一事甚爲不安，他記着父親生前曾和他說過，父親死後老二有兩年運氣非常壞，要他看顧老二；因此，他既無法阻止老二去天津，就只好在「看顧」他的原則下，想法帮助他了。於是當他和表兄談商合股做羊皮和藥材生意時，就對表兄這樣說：「父親在時曾說過你今年起會走好運，要我和你合股做生意，而你今年又剛巧打算做羊皮和藥材的生意，而需要本錢；其次，父親又曾說過老二這兩年運氣很壞，要我看顧他；因此我想把這一份現欵交托你和你合股做生意，不算是我的私產，也算是我和老二所公有的，我的話說在先，也請你爲證。」

眞是巧得很，老二在天津所破耗錢財，却在表兄所代經營的生意中賺囘來。當老二寫信給老大報告在天津潦倒情形時，老大覆信告訴他說，你這兩年在天津的不幸事件都是命中註定的，父親生前都曾對我說過，因爲怕你先知道反而不好，我也希望命運的話不成爲事實，所以我一向也沒有告訴你，現在不幸之事都算過去了，你所破耗的錢財，這兩年來表兄替我們經營羊皮和藥材生意也都賺囘來了。你的壞運氣已經過了，可以馬上囘家團聚，共守家業！但是，雖然從那時起老二囘到山西太原共過大家庭的生活，直到現在，而這二十多年來，老二又喪兩妻一子，病災連年。

老大把這過去情形告訴了看相的樂先生之後，就要請教許多事：一件是：關于老二這十多年來的不好命運，是否早已在命相註定的？二件是：如果是早已註定了的，那末他父親何以只說他兩年不好運氣？再者，父親曾遺囑要待老二五十歲之後才可以分產，現在快到了，是否一定要分？不分又將如何？以後老二是否有好運氣？他老大自己今後還是好嗎？

樂先生聽了，就對他們兩兄弟作下面的解釋：關于老二過去這一切不幸之事，統統都在命相上註定的。

關于他父親何以只說老二兩年運氣不好，爲的是，他父親在命中已經看出兩年之後他們兩兄弟又要同居，不欲老大事先知道老二的不幸，所以不告訴他。

說到這裏樂先生就微笑對老大說：「這就是老太爺要你盡手足之情，用意苦心所在了！」

老大對看相樂先生所說的話雖然點點頭表示言之有理，却只明白父親以爲如果使他早就知道老二有二十多年的惡運的話，恐怕老大早就隨老二的要求彼此把家產分清了，免得負累；但他還不明白父親的用意，對他也有善意，樂先生也深怕他不大明白他說的話，就繼續解釋道：「凡是算命看相的，都只能把好的告訴人，使人得到安慰，得到鼓舞，不願意把壞的也告訴人，使人無辜受到恐懼的威脅；所以老太爺既明知你們分離兩年後又要同居，就不能讓你知道，免使你在這二十多年中心裏有了負担，這就是他老人家不願把老二的惡運告訴你的苦心了！」

樂先生又繼續說：「至於老太爺生前遺囑要待老二五十歲之後才可以分家，這是有理由的；因爲在老二相上可以看出他此後可以轉入好的運氣了，而事實上你們兩兄弟此時也需要分道揚鑣各奔新的前程了。」

他停了一下，再細看他們兩兄弟的氣色之後，就對他倆改用堅定的口氣問道：「你此次來北京有何貴幹？」

「特來觀看孫中山先生奉安典禮。」老大答說：「這是千載一時的機會，我們打算一道到南京看看中山陵的。」

「是的嗎？」樂先生說：「我今天可以先說，你們此次雖然是來遊玩，但依你們的氣色看，你們此次會遇到貴人，會碰到一個意想不到的好機會，不是做做官，而是半官半商的事。」

「是的嗎？」老二懷疑地說：「我們南京方面並沒有什麽熟人呀！」

看相的說：「這就不是我所知道的，我所能知道的，是你們的氣色有此呈現的！」

事實上，過了幾天，他們去頤和園遊玩的時候，碰着一位紀先生，是他父親昔年在河南魯山做知縣時一個好友的兒子，這位好友會承卜知縣的栽培發過財，當卜知縣去世前幾個月，也曾携同兒輩來太原和卜家一家人見過面的，當時這位紀先生只有二十歲，現在却是個四十零歲的人了。

他們一見面親如兄弟，彼此傾吐離情，也細談家常，原來這位紀先生後來到美國留學，回國後在南京國民政府財政部一個直豁財務機關裏任要職，此次也是利用一個出差來天津公幹的機會，轉道到北平遊玩，並觀看奉安移靈大典的。這一下彼此由叙舊談到近況，再由近況說到某些經濟事業的合作來了。

他們所想合作的經濟事業，當然是與財政部有稅收關係的事，紀君既在財務機關任要職，毫無疑義這是發財之事了。由于老二從前曾在天津做過生意兩年，就派老二到天津去主持，由于老大一向在太原，就仍留在太原主持了。這兩位卜家兄弟，眞是夢想不到的交到財運，喜出望外了。大體決定之後，又跑到樂天閣來請教看相的關于以後的問題，因爲這些半官半商的事他們沒有幹過的。再有一個疑問的，關于此種一生難逢的財運，何以他父親生前不曾說過？是否暫時的？是否靠得住？有無風險？

看相的樂先生就對他解釋說，這回之事乃千載一時的好機會無疑義；不過只有三年的好運，三年過後就不宜再做下去，否則就有很大的事故。當然，只要能做三年，所發的財也已可觀了。至于他父觀何以生前不曾提到此事一節，看相的說，這正是他老人家愛子之心，最可佩服的地方。因爲「君子問禍不問福」，所以他老人家只把老二走壞運之事告訴他，也不把壞到什麽程度說明，因爲壞運需要謹愼也可能想法避免；好運會來自然來，不宜先知道，致有某些反而不利之事發生的。這正是爲父母者的苦心處。

這事之後沒有幾天樂天，閣又來一個客人要看氣色，請問後運如何。閣主樂先生對他論相說：「過去三年，經管財政，公私兩利，今後兩年，百尺竿頭，更進一步。」

看相的轉一個口氣說：「但是，兩年之後，可止則止，不止有禍！」

那位客人滿口稱謝，也不再問別的就走了。

你想這位客人是誰？原來就是前面所說的那位紀先生，因爲卜先生兄弟把看相所說的話告訴他，引起他的興趣，也跑來試一試的。但是，看相的雖然把他過去說對了，而說他以後的事他却還不肯完全相信；因爲他自度和財政部長的私交及種種關係，不至於只有兩年好運的。

事實上呢，卜先生兩兄弟做了足兩年就在紀君任內結束他們的業務；而紀君則依然戀棧下去。

然而，不過四個月，他得知財政部長將要去職的消息，自知要幹也沒得幹了，自己心中有數，不如在部長任內辭職爲妥，便提早呈請辭職，並討一個名義到外國去了，果然部長去辭之後，有人向政府控告他貪污枉法，幸而他已身在海外便不了了之。

你想這位客人是誰？原來就是前面所說的那位紀先生，因爲卜先生兄弟把看相所說的話告訴他，引起他的興趣，也跑來試一試的。但是，看相的雖然把他過去說對了，而說他以後的事他却還不肯完全相信；因爲他自度和財政部長的私交及種種關係，不至於只有兩年好運的。

事實上呢，卜先生兩兄弟做了足兩年就在紀君任內結束他們的業務；而紀君則依然戀棧下去。

然而，不過四個月，他得知財政部長將要去職的消息，自知要幹也沒得幹了，自己心中有數，不如在部長任內辭職爲妥，便提早呈請辭職，並討一個名義到外國去了，果然部長去辭之後，有人向政府控告他貪污枉法，幸而他已身在海外便不了了之。

| | | | |
|---|---|---|---|
| 32 | 命學探驪集 | 【民國】張巢雲 | 發前人所未發　稀見民初子平命理著作 |
| 33 | 澹園命談 | 【民國】高澹園 | |
| 34 | 算命一讀通——鴻福齊天 | 【民國】不空居士、覺先居士合纂 | |
| 35 | 子平玄理 | 【民國】施惕君 | |
| 36 | 星命風水秘傳百日通 | 心一堂編 | |
| 37 | 命理大四字金前定 | 題【晉】鬼谷子王詡 | 源自元代算命術 |
| 38 | 命理斷語義理源深 | 心一堂編 | 稀見清代批命斷語及活套 |
| 39－40 | 文武星案 | 【明】陸位 | 失傳四百年《張果星宗》姊妹篇　千多星盤命例　研究命學必備 |
| **相術類** | | | |
| 41 | 新相人學講義 | 【民國】楊叔和 | 失傳民初白話文相術書 |
| 42 | 手相學淺說 | 【民國】黃龍 | 民初中西結合手相學經典 |
| 43 | 大清相法 | 心一堂編 | 重現失傳經典相書 |
| 44 | 相法易知 | 心一堂編 | |
| 45 | 相法秘傳百日通 | 心一堂編 | |
| **堪輿類** | | | |
| 46 | 靈城精義箋 | 【清】沈竹礽 | 沈氏玄空遺珍　玄空風水必讀 |
| 47 | 地理辨正抉要 | 【清】沈竹礽 | |
| 48 | 《玄空古義四種通釋》《地理疑義答問》合刊 | 沈瓞民 | |
| 49 | 《沈氏玄空吹虀室雜存》《玄空捷訣》合刊 | 【民國】申聽禪 | |
| 50 | 漢鏡齋堪輿小識 | 【民國】查國珍、沈瓞民 | 失傳已久的無常派玄空經典 |
| 51 | 堪輿一覽 | 【清】孫竹田 | |
| 52 | 章仲山挨星秘訣（修定版） | 【清】章仲山 | 章仲山無常派玄空珍秘　門內秘本首次公開 |
| 53 | 臨穴指南 | 【清】章仲山 | 沈竹礽等大師尋覓一生未得之珍本！ |
| 54 | 章仲山宅案附無常派玄空秘要 | 心一堂編 | |
| 55 | 地理辨正補 | 【清】朱小鶴 | 玄空六派蘇州派代表作 |
| 56 | 陽宅覺元氏新書 | 【清】元祝垚 | 簡易・有效・神驗之玄空陽宅法 |
| 57 | 地學鐵骨秘　附　吳師青藏命理大易數 | 【民國】吳師青 | 釋玄空廣東派地學之秘 |
| 58－61 | 四秘全書十二種（清刻原本） | 【清】尹一勺 | 玄空湘楚派經典本來面目　有別於錯誤極多的坊本 |

| | | | |
|---|---|---|---|
| 62 | 地理辨正補註　附 元空秘旨　天元五歌　玄空精髓　心法秘訣等數種合刊 | 【民國】胡仲言 | 貫通易理、巒頭、三元、三合、天星、中醫 |
| 63 | 地理辨正自解 | 【清】李思白 | 公開玄空家「分率尺、工部尺、量天尺」之秘 |
| 64 | 許氏地理辨正釋義 | 【民國】許錦灝 | 民國易學名家黃元炳力薦 |
| 65 | 地理辨正天玉經內傳要訣圖解 | 【清】程懷榮 | 秘訣一語道破，圖文并茂 |
| 66 | 謝氏地理書 | 【民國】謝復 | 玄空體用兼備、深入淺出 |
| 67 | 論山水元運易理斷驗、三元氣運說附紫白訣等五種合刊 | 【宋】吳景鸞等 | 失傳古本《玄空秘旨》《紫白訣》 |
| 68 | 星卦奧義圖訣 | 【清】施安仁 | 三元玄空門內秘笈　清鈔孤本　過去均為必須守秘不能公開秘密　與今天流行飛星法不同 |
| 69 | 三元地學秘傳 | 【清】何文源 | |
| 70 | 三元玄空挨星四十八局圖說 | 心一堂編 | |
| 71 | 三元挨星秘訣仙傳 | 心一堂編 | |
| 72 | 三元地理正傳 | 心一堂編 | |
| 73 | 三元天心正運 | 心一堂編 | |
| 74 | 元空紫白陽宅秘旨 | 心一堂編 | |
| 75 | 玄空挨星秘圖　附 堪輿指迷 | 心一堂編 | |
| 76 | 姚氏地理辨正圖說　附 地理九星并挨星真訣全圖　秘傳河圖精義等數種合刊 | 【清】姚文田等 | |
| 77 | 元空法鑑批點本——附 法鑑口授訣要、秘傳玄空三鑑奧義匯鈔　合刊 | 【清】曾懷玉等 | 蓮池心法　玄空六法　門內秘鈔本首次公開 |
| 78 | 元空法鑑心法 | 【清】曾懷玉等 | |
| 79 | 曾懷玉增批蔣徒傳天玉經補註【新修訂版原（彩）色本】 | 【清】項木林、曾懷玉 | |
| 80 | 地理學新義 | 【民國】俞仁宇撰 | |
| 81 | 地理辨正揭隱（足本）　附連城派秘鈔口訣 | 【民國】王邀達 | 揭開連城派風水之秘 |
| 82 | 趙連城傳地理秘訣附雪庵和尚字字金 | 【明】趙連城 | |
| 83 | 趙連城秘傳楊公地理真訣 | 【明】趙連城 | |
| 84 | 地理法門全書 | 仗溪子、芝罘子 | 巒頭風水，內容簡核、深入淺出 |
| 85 | 地理方外別傳 | 【清】熙齋上人 | 巒頭形勢、「望氣」「鑑神」 |
| 86 | 地理輯要 | 【清】余鵬 | 集地理經典之精要 |
| 87 | 地理秘珍 | 【清】錫九氏 | 巒頭、三合天星，圖文並茂 |
| 88 | 《羅經舉要》附《附三合天機秘訣》 | 【清】賈長吉 | 清鈔孤本羅經、三合訣法圖解 |
| 89-90 | 嚴陵張九儀增釋地理琢玉斧巒 | 【清】張九儀 | 清初三合風水名家張九儀經典清刻原本！ |

| | | | |
|---|---|---|---|
| **占筮類** | | | |
| 121 | 卜易指南(二種) | 【清】張孝宜 | 民國經典，補《增刪卜易》之不足 |
| 122 | 未來先知秘術——文王神課 | 【民國】張了凡 | 內容淺白、言簡意賅、條理分明 |
| **星命類** | | | |
| 123 | 人的運氣 | 汪季高(雙桐館主) | 五六十年香港報章專欄結集！ |
| 124 | 命理尋源 | 【民國】徐樂吾 | 民國三大子平命理家徐樂吾必讀經典！ |
| 125 | 訂正滴天髓徵義 | | |
| 126 | 滴天髓補註 附 子平一得 | | |
| 127 | 窮通寶鑑評註 附 增補月談賦 四書子平 | | |
| 128 | 古今名人命鑑 | | |
| 129-130 | 紫微斗數捷覽(明刊孤本)[原(彩)色本] 附 點校本 (上)(下) | 馮一、心一堂術數古籍整理編校小組 整理 | 明刊孤本 首次公開！ |
| 131 | 命學金聲 | 【民國】黃雲樵 | 民國名人八字、六壬奇門推命 |
| 132 | 命數叢譚 | 【民國】張雲溪 | 子平斗數共通、百多民國名人命例 |
| 133 | 定命錄 | 【民國】張一蟠 | 民國名人八十三命例詳細生平 |
| 134 | 《子平命術要訣》《知命篇》合刊 | 【民國】鄒文耀、【民國】胡仲言 撰 | 《子平命術要訣》科學命理；《知命篇》易理皇極、命理地理、奇門六壬互通 |
| 135 | 科學方式命理學 | 閻德潤博士 | 匯通八字、中醫、科學原理！ |
| 136 | 八字提要 | 韋千里 | 民國三大子平命理家韋千里必讀經典！ |
| 137 | 子平實驗錄 | 【民國】孟耐園 | 作者四十多年經驗 占卜奇靈 名震全國！ |
| 138 | 民國偉人星命錄 | 【民國】囂囂子 | 幾乎包括所民初總統及國務總理八字！ |
| 139 | 千里命鈔 | 韋千里 | 失傳民初三大命理家－韋千里 代表作 |
| 140 | 斗數命理新篇 | 張開卷 | 現代流行的「紫微斗數」內容及形式上深受本書影響 |
| 141 | 哲理電氣命數學——子平部 | 【民國】彭仕勛 | 命局按三等九級格局、不同術數互通借用 |
| 142 | 《人鑑——命理存驗・命理擷要》(原版足本)附《林庚白家傳》 | 【民國】林庚白 | 傳統子平學修正及革新、大量名人名例 |
| 143 | 《命學苑苑刊——新命》(第一集)附《名造評案》《名造類編》等 | 【民國】林庚白、張一蟠等撰 | 史上首個以「唯物史觀」來革新子平命學結集 |
| **相術類** | | | |
| 144 | 中西相人採原 | 【民國】袁樹珊 | 按人生百歲，所行部位，分類詳載 |
| 145 | 新相術 | 【美國】李拉克福原著、【民國】沈有乾編譯 | 通過觀察人的面相身形、色澤舉止等，得知性情、能力、習慣、優缺點等 |
| 146 | 骨相學 | 【民國】風萍生編著 | 結合醫學中生理及心理學，影響近代西、日、中相術深遠 |
| 147 | 人心觀破術 附運命與天稟 | 【日本】管原如庵、加藤孤雁原著，【民國】唐真如譯 | 觀破人心、運命與天稟的奧妙 |

| | | | |
|---|---|---|---|
| 148 | 《人相學之新研究》《看相偶述》合刊 | 盧毅安 | 集中外大成，無不奇驗；影響近代香港相術名著 |
| 149 | 冰鑑集 | 【民國】碧湖鷗客 | 各家相法精華、相術捷徑、圖文並茂附名人照片 |
| 150 | 《現代人相百面觀》《相人新法》合刊 | 【民國】吳道子輯 | 失傳民初相學經典二種　重現人間！ |
| 151 | 性相論 | 【民國】余晉龢 | 民初北平公安局專論相學與犯罪專著（犯罪學生物學派） |
| 152 | 《相法講義》《相理秘旨》合刊 | 韋千里、孟瘦梅 | 命理學大家韋千里經典、傳統相術秘籍精華 |
| 153 | 《掌形哲學》附《世界名人掌形》《小傳》 | 【民國】余萍客 | 圖文并茂、附歐美名人掌形圖及生平簡介 |
| 154 | 觀察術 | 【民國】吳貴長 | 可補充傳統相術之不足 |
| **堪輿類** | | | |
| 155 | 羅經消納正宗 | 【明】沈昇撰、【明】史自成、丁孟章合纂 | 失傳四庫存目珍稀風水古籍 |
| 156 | 風水正原 | 【清】余天藻 | ●積德為求地之本，形家必讀！<br>●純宗形家，與清代欽天監地理風水主張大致相同 |
| 157 | 安溪地話（風水正原二集） | | |
| 158 | 《蔣子挨星圖》附《玉鑰匙》 | 傳【清】蔣大鴻等 | 窺知無常派章仲山一脈真傳奧秘 |
| 159 | 樓宇寶鑑 | 吳師青 | 陽宅風水必讀、現代城市樓宇風水看法改革 |
| 160 | 《香港山脈形勢論》《如何應用日景羅經》合刊 | | 香港風水山脈形勢專著 |
| 161 | 三元真諦稿本——讀地理辨正指南 | 【民國】王元極 | 被譽為蔣大鴻、章仲山後第一人<br>內容直接了當，盡揭三元玄空家之秘 |
| 162 | 三元陽宅萃篇 | | |
| 163 | 王元極增批地理冰海　附批點原本地理冰海 | 【清】高守中　【民國】王元極 | |
| 164 | 地理辨正發微 | 【清】唐南雅 | 極之清楚明白，披肝露膽 |
| 165-167 | 增廣沈氏玄空學　附　仲山宅斷秘繪稿本三種、自得齋地理叢說稿鈔本（上）（中）（下） | 【清】沈竹礽 | 玄空必讀經典！附《仲山宅斷》幾種鈔本及批點本，畫龍點睛、披肝露膽，道中刊印本未點破的秘訣 |
| 168-169 | 巒頭指迷（上）（下） | 【清】尹貞夫原著、【民國】何廷珊增訂、批注 | 圖文并茂：龍、砂、穴、水、星辰九十九變<br>洩漏天機：蔣大鴻、賴布衣挨星秘訣及用法 |
| 170-171 | 三元地理真傳（兩種）（上）（下） | 【清】趙文鳴 | 蔣大鴻嫡派真傳張仲馨一脈二十種家傳秘本、宅墓案例三十八圖，並附天星擇日 |
| 172 | 三元宅墓圖　附　家傳秘冊 | | |
| 173 | 宅運撮要 | 【民國】尤惜陰（演本法師）、榮柏雲 | 撮三集《宅運新案》之精要 |
| 174 | 章仲山秘傳玄空斷驗筆記　附　章仲山斷宅圖註 | 【清】章仲山傳、【清】唐鷺亭纂 | 無常派玄空不外傳秘中秘！二宅實例有斷驗及改造內容 |
| 175 | 汪氏地理辨正發微　附　地理辨正真本 | 【清】蔣大鴻、姜垚原著、【清】汪云吾發微 | 蔣大鴻嫡派張仲馨一脈三元理、法、訣具體泄露 |
| 176 | 蔣大鴻家傳歸厚錄汪氏圖解 | 【清】蔣大鴻、【清】汪云吾圖解 | 三百年來最佳《地理辨正》註解！石破天驚！ |
| 177 | 蔣大鴻嫡傳三元地理秘書十一種批注 | 【清】蔣大鴻原著、【清】汪云吾、【清】劉樂山註 | |

| | | | |
|---|---|---|---|
| 178 | 《星氣(卦)通義(蔣大鴻秘本四十八局圖并打劫法)》《天驚秘訣》合刊 | 題【清】蔣大鴻 著 | 江西興國真傳三元風水秘本 |
| 179 | 蔣大鴻嫡傳天心相宅秘訣全圖附陽宅指南等秘書五種 | 【清】蔣大鴻編訂、【清】汪云吾、劉樂山註 | 蔣大鴻徒張仲馨秘傳陽宅風水「教科書」！ |
| 180 | 家傳三元地理秘書十三種 | | 真天宮之秘 千金不易之寶 |
| 181 | 章仲山門內秘傳《堪輿奇書》附《天心正運》 | 【清】章仲山傳、【清】華湛恩 | 直洩無常派章仲山玄空風水不傳之秘 |
| 182 | 《挨星金口訣》、《王元極增批補圖七十二葬法訂本》合刊 | [民國]王元極 | 秘中秘——玄空挨星真訣公開！字字千金！ |
| 183-184 | 《家傳三元古今名墓圖集附謝氏水鉗》《蔣氏三元名墓圖集》合刊(上)(下) | (清)孫景堂，劉樂山，張稼夫 | 蔣大鴻嫡傳風水宅案、幕講師、蔣大鴻、姜垚等名家多個實例，破禁公開！ |
| 185-186 | 《山洋指迷》足本兩種 附《尋龍歌》(上)(下) | 【明】周景一 | 風水巒頭形家必讀《山洋指迷》足本！ |
| 187-196 | 蔣大鴻嫡傳水龍經注解 附 虛白廬藏珍本水龍經四種(1-10) | 【清】蔣大鴻編訂、【清】楊臥雲、汪云吾、劉樂山註 | 蔣大鴻嫡傳一脈授徒秘笈 希世之寶<br>千年以來，師師相授之秘旨，破禁公開！<br>完整了解蔣氏嫡派真傳一脈三元理、法、訣！<br>附已知最古《水龍經》鈔本等五種稀見《水龍經》 |
| 197 | 批注地理辨正直解 | 【清】章仲山 | 無常派玄空必讀經典未刪改本！ |
| 198 | 《天元五歌闡義》附《元空秘旨》(清刻原本) | | |
| 199 | 心眼指要(清刻原本) | | |
| 200 | 華氏天心正運 | 【清】華湛恩 | |
| 201-202 | 批注地理辨正再辨直解合編(上)(下) | 【清】蔣大鴻原著、【清】姚銘三再註、【清】章仲山直解 | 失傳姚銘三玄空經典重現人間！名家：沈竹礽、王元極推薦！ |
| 203 | 章仲山注《玄機賦》《元空秘旨》附《口訣中秘訣》《因象求義》等九種合刊 | 【清】章仲山 | 近三百年來首次公開！章仲山無常派玄空秘密，和盤托出！ |
| 204 | 章仲山門內真傳《三元九運挨星篇》《運用篇》《挨星定局篇》《口訣篇》等合刊 | 【清】章仲山、柯遠峰等 | 章仲山注《玄機賦》及章仲山原傳之口訣及筆記 |
| 205 | 章仲山門內真傳《大玄空秘圖訣》《天驚訣》《飛星要訣》《九星斷略》《得益錄》等合刊 | 【清】章仲山、冬園子等 | |
| 206 | 撼龍經真義 | 吳師青註 | 近代香港名家吳師青必讀經典 |
| 207 | 章仲山嫡傳《翻卦挨星圖》《秘鈔元空秘旨》附《秘鈔天元五歌闡義》 | 【清】章仲山傳、【清】王介如輯撰 | 透露章仲山家傳玄空嫡傳學習次弟及關鍵不傳之秘 |
| 208 | 章仲山嫡傳秘鈔《秘圖》《節錄心眼指要》合刊 | | |
| 209 | 《談氏三元地理大玄空實驗》附《談養吾秘稿奇門占驗》 | 【民國】談養吾撰 | 史上首次公開「無常派」下卦起星等挨星秘密之書 |
| 210 | 《談氏三元地理濟世淺言》附《打開一條生路》 | | 了解談氏入世的易學卦德爻象思想 |
| 211-215 | 《地理辨正集註》附 《六法金鎖秘》《巒頭指迷真詮》《作法雜綴》等(1-5) | 【清】尋緣居士 | 集《地理辨正》一百零八家註解大成精華<br>匯巒頭及蔣氏、六法、無常、湘楚等秘本<br>史上最大篇幅的《地理辨正》註解 |
| 216 | 三元大玄空地理二宅實驗(足本修正版) | 【民國】尤惜陰(演本法師)、榮柏雲撰 | 三元玄空無常派必讀經典足本修正版 |

# 心一堂術數古籍珍本叢刊　第二輯書目

| | | | |
|---|---|---|---|
| 217 | 蔣徒呂相烈傳《幕講度針》附《元空秘斷》《陰陽法竅》《挨星作用》 | 【清】呂相烈 | 蔣大鴻門人呂相烈三元秘本三百年來首次破禁公開！ |
| 218 | 挨星撮要（蔣徒呂相烈傳） | | |
| 219－221 | 《沈氏玄空挨星圖》《沈註章仲山宅斷未定稿》《沈氏玄空學（四卷原本）》合刊（上中下） | 【清】沈竹礽 等 | 揭開沈氏玄空挨星五行吉凶斷的變化及不同用法<br>章仲山宅斷未刪本、沈氏玄空學原本佚文、玄空挨星圖稿鈔本 大公開！ |
| 222 | 地理穿透真傳（虛白廬藏清初刻原本） | 【清】張九儀 | 三合天星家宗師張九儀畢生地學精華結集 |
| 223－224 | 地理元合會通二種（上）（下） | 【清】姚炳奎 | 分發兩家（三元、三合）之秘，會通其用詳解注羅盤（蔣盤、賴盤）；義理、斷驗俱精 |
| **其他類** | | | |
| 225 | 天運占星學 附 商業周期、股市粹言 | 吳師青 | 天星預測股市，神準經典 |
| 226 | 易元會運 | 馬翰如 | 《皇極經世》配卦以推演世運與國運 |
| **三式類** | | | |
| 227 | 大六壬指南（清初木刻五卷足本） | | 六壬學占驗課案必讀經典海內善本 |
| 228－229 | 甲遁真授秘集（批注本）（上）（下） | 【清】薛鳳祚 | 明清皇家欽天監秘傳奇門遁甲<br>奇門、易經、皇極經世結合經典 |
| 230 | 奇門詮正 | 【民國】曹仁麟 | 簡易、明白、實用，無師自通！ |
| 231 | 大六壬探源 | 【民國】袁樹珊 | 民初三大命理家袁樹研究六壬四十餘年代表作 |
| 232 | 遁甲釋要 | 【民國】徐昂 | 推衍遁甲、易學、洛書九宮大義！ |
| 233 | 《六壬卦課》《河洛數釋》《演玄》合刊 | | 疏理六壬、河洛數、太玄隱義！ |
| 234 | 六壬指南（【民國】黃企喬） | 【民國】黃企喬 | 失傳經典 大量實例 |
| **選擇類** | | | |
| 235 | 王元極校補天元選擇辨正 | 原【清】謝少暉輯、【民國】王元極校補 | 三元地理天星選日必讀 |
| 236 | 王元極選擇辨真全書 附 秘鈔風水選擇訣 | 【民國】王元極 | 王元極天昌館選擇之要旨 |
| 237 | 蔣大鴻嫡傳天星選擇秘書注解三種 | 【清】蔣大鴻編訂、【清】楊臥雲、汪云吾、劉樂山註 | 蔣大鴻陰陽二宅天星擇日日課案例！ |
| 238 | 增補選吉探源 | 【民國】袁樹珊 | 按表檢查，按圖索驥：簡易、實用！ |
| 239 | 《八風考略》《九宮撰略》《九宮考辨》合刊 | 沈瓞民 | 會通沈氏玄空飛星立極、配卦深義 |
| **其他類** | | | |
| 240 | 《中國原子哲學》附《易世》《易命》 | 馬翰如 | 國運、世運的推演及預言 |